Urheiluammunnan tietopäiväkirja

> **Tämä kirja kuuluu:**

_____

_____

_____

_____

Tämä ensiluokkainen, kätevä ja helppokäyttöinen Sport-ammuntatietojen lokikirja, jossa on moderni ja premium-kannen muotoilu ampujille, ampujille, ampujille, ampujille on ammattimaisesti suunniteltu auttamaan sinua pitämään yksityiskohtaista kirjaa päivämääristä, kellonajasta, sijainnista, ampuma-aseesta, tähtäintyypistä, ampumatarvikkeista, istumapaikan syvyydestä, etäisyydestä, ruudista, pohjamaalista, messingistä, kaaviosivuista.

Urheiluammunnan tietopäiväkirja

📅 Päivämäärä: _____   🕐 Aika: _____

📍 Sijainti: _____

Sääolosuhteet

☀ ☁ 🌥 🌧 🌦 🌨 🚩 🌡
☐ ☐ ☐ ☐ ☐ ☐ ____ ____

Tuliase:	
Luoti:	Istuimen syvyys:
Jauhe:	Jyvät:
Pohjuste:	
Messinki:	
Etäisyys:	

Yleiset tulokset

☐ Fehno   ☐ Reilu   ☐ Hyvä   ☐ Erinomainen

Lisähuomautukset

_____
_____
_____

☆ ☆ ☆ ☆ ☆

Täydellinen lahjaidea aloittelijoille ja ammattilaisille

Urheiluammunnan tietopäiväkirja

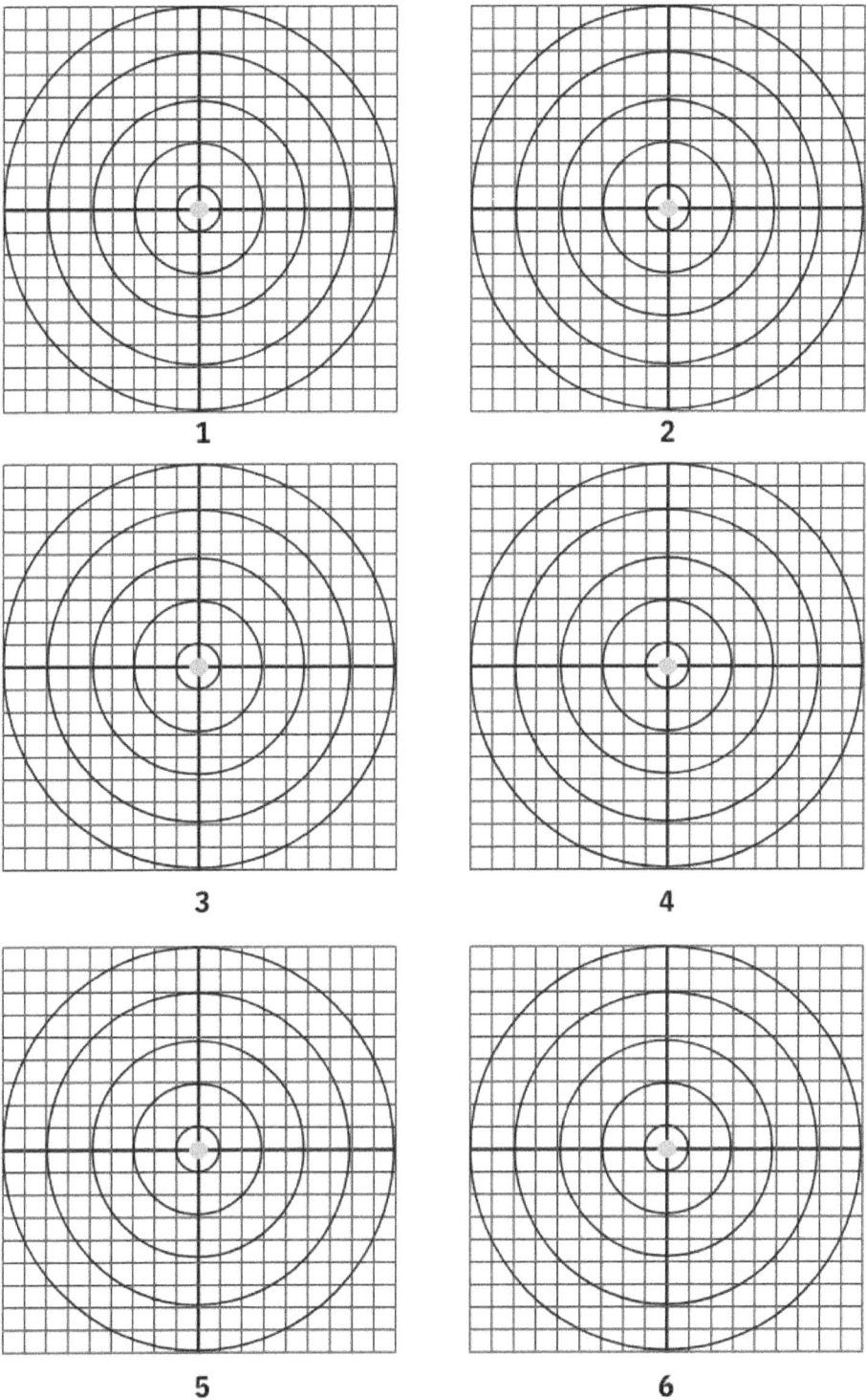

Täydellinen lahjaidea aloittelijoille ja ammattilaisille

Urheiluammunnan tietopäiväkirja

📅 Päivämäärä: _____   🕐 Aika: _____

📍 Sijainti: _____

Sääolosuhteet

☀️ ⛅ 🌥️ 🌧️ 🌧️ 🌨️ 🚩 🌡️
☐   ☐   ☐   ☐   ☐   ☐   _____ _____

Tuliase:	
Luoti:	Istuimen syvyys:
Jauhe:	Jyvät:
Pohjuste:	
Messinki:	
Etäisyys:	

Yleiset tulokset

☐ Fehno   ☐ Reilu   ☐ Hyvä   ☐ Erinomainen

Lisähuomautukset

_____
_____
_____

☆ ☆ ☆ ☆ ☆

Täydellinen lahjaidea aloittelijoille ja ammattilaisille

Urheiluammunnan tietopäiväkirja

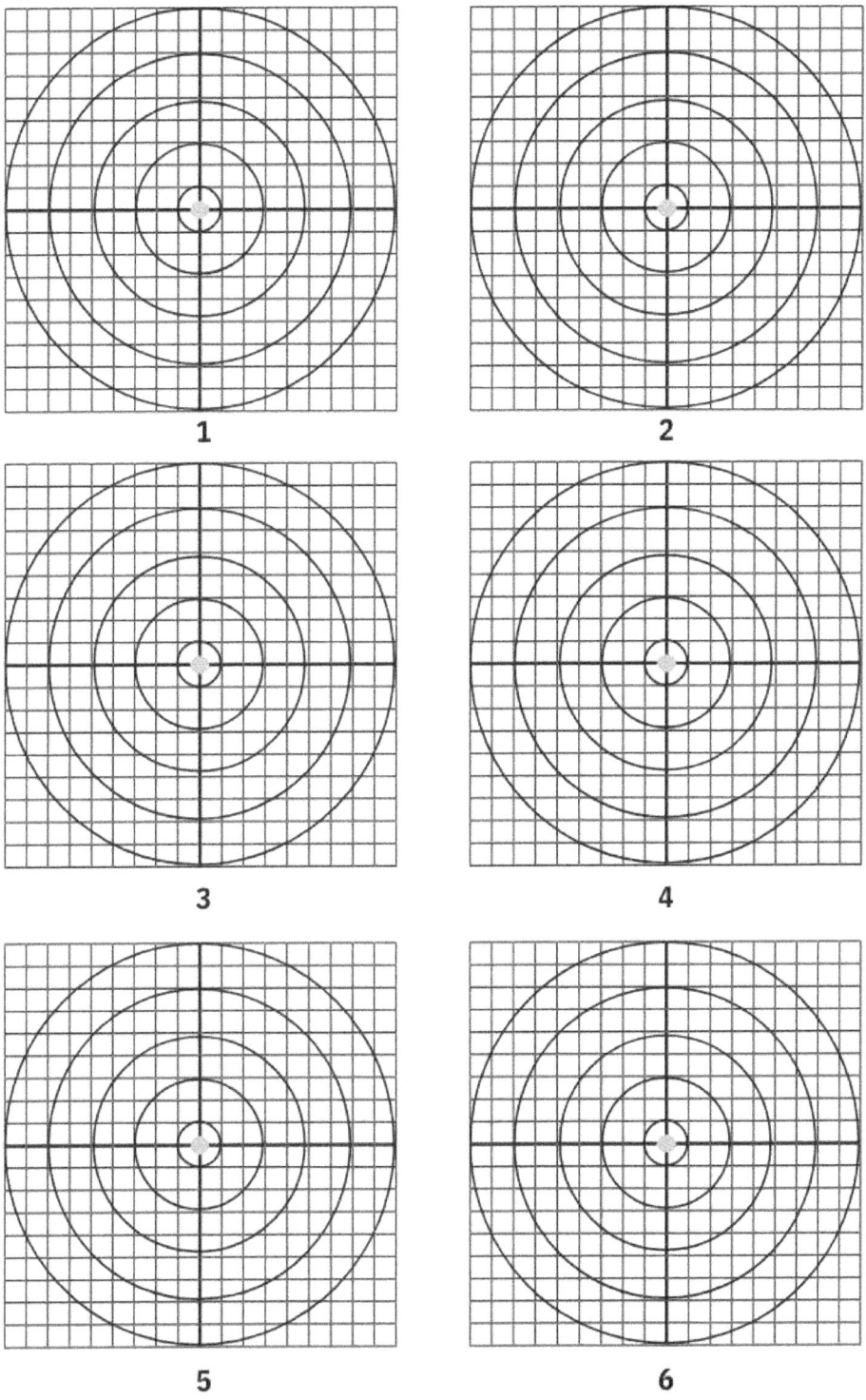

Täydellinen lahjaidea aloittelijoille ja ammattilaisille

Urheiluammunnan tietopäiväkirja

📅 Päivämäärä: _____   🕐 Aika: _____

📍 Sijainti: _____

Sääolosuhteet

☀️ ⛅ 🌥️ 🌧️ 🌦️ 🌨️ 🚩 🌡️
☐ ☐ ☐ ☐ ☐ ☐ ___ ___

Tuliase:	
Luoti:	Istuimen syvyys:
Jauhe:	Jyvät:
Pohjuste:	
Messinki:	
Etäisyys:	

Yleiset tulokset

☐ Fehno   ☐ Reilu   ☐ Hyvä   ☐ Erinomainen

Lisähuomautukset

_____

_____

_____

☆ ☆ ☆ ☆ ☆

Täydellinen lahjaidea aloittelijoille ja ammattilaisille

Urheiluammunnan tietopäiväkirja

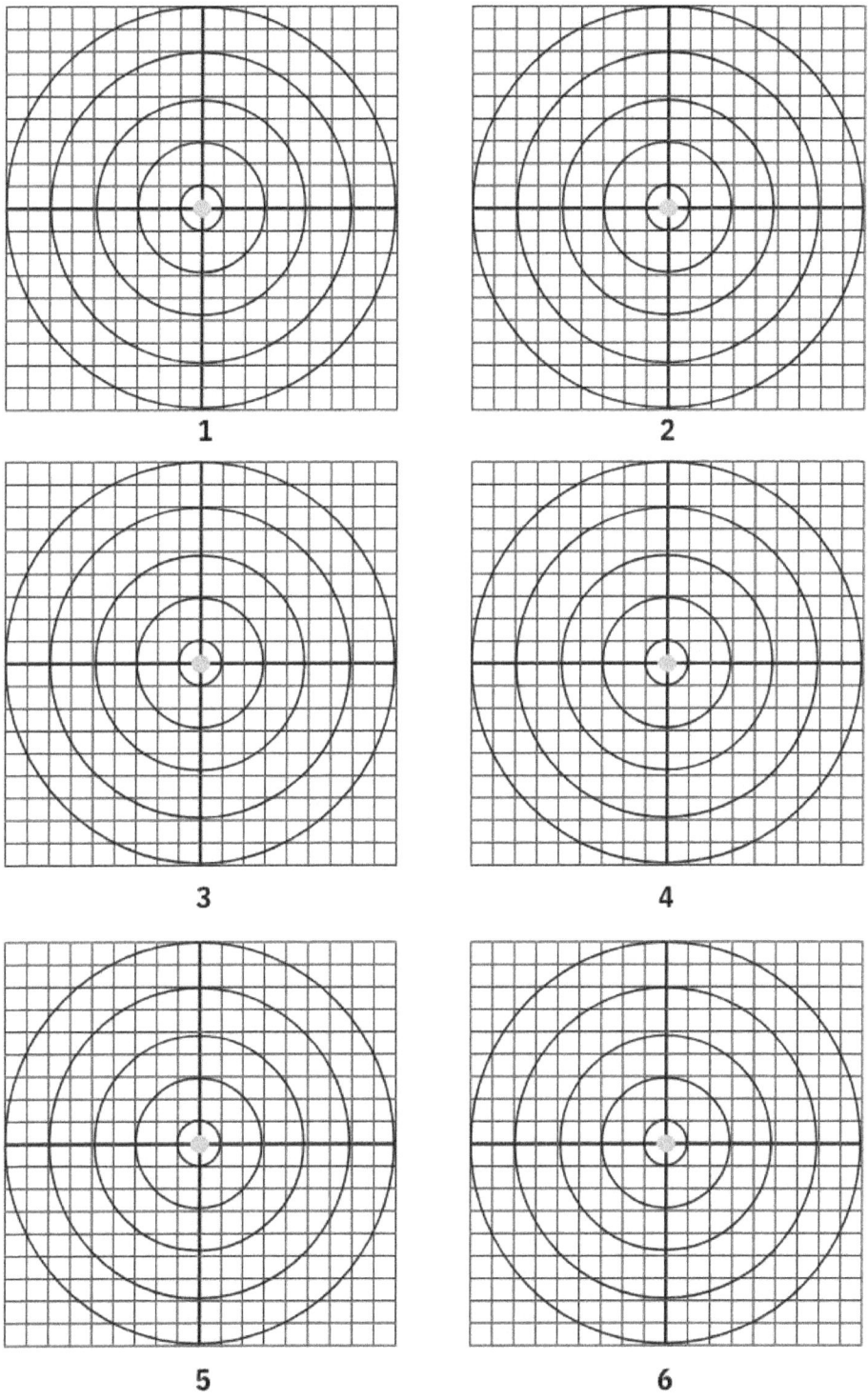

Täydellinen lahjaidea aloittelijoille ja ammattilaisille

Urheiluammunnan tietopäiväkirja

📅 Päivämäärä: _____ 🕐 Aika: _____
📍 Sijainti: _____

Sääolosuhteet

☀️ ⛅ 🌥️ 🌧️ 🌦️ 🌨️ 🚩 🌡️
☐ ☐ ☐ ☐ ☐ ☐ ___

Tuliase:	
Luoti:	Istuimen syvyys:
Jauhe:	Jyvät:
Pohjuste:	
Messinki:	
Etäisyys:	

Yleiset tulokset

☐ Fehno ☐ Reilu ☐ Hyvä ☐ Erinomainen

Lisähuomautukset

_____
_____
_____

☆ ☆ ☆ ☆ ☆

Täydellinen lahjaidea aloittelijoille ja ammattilaisille

Urheiluammunnan tietopäiväkirja

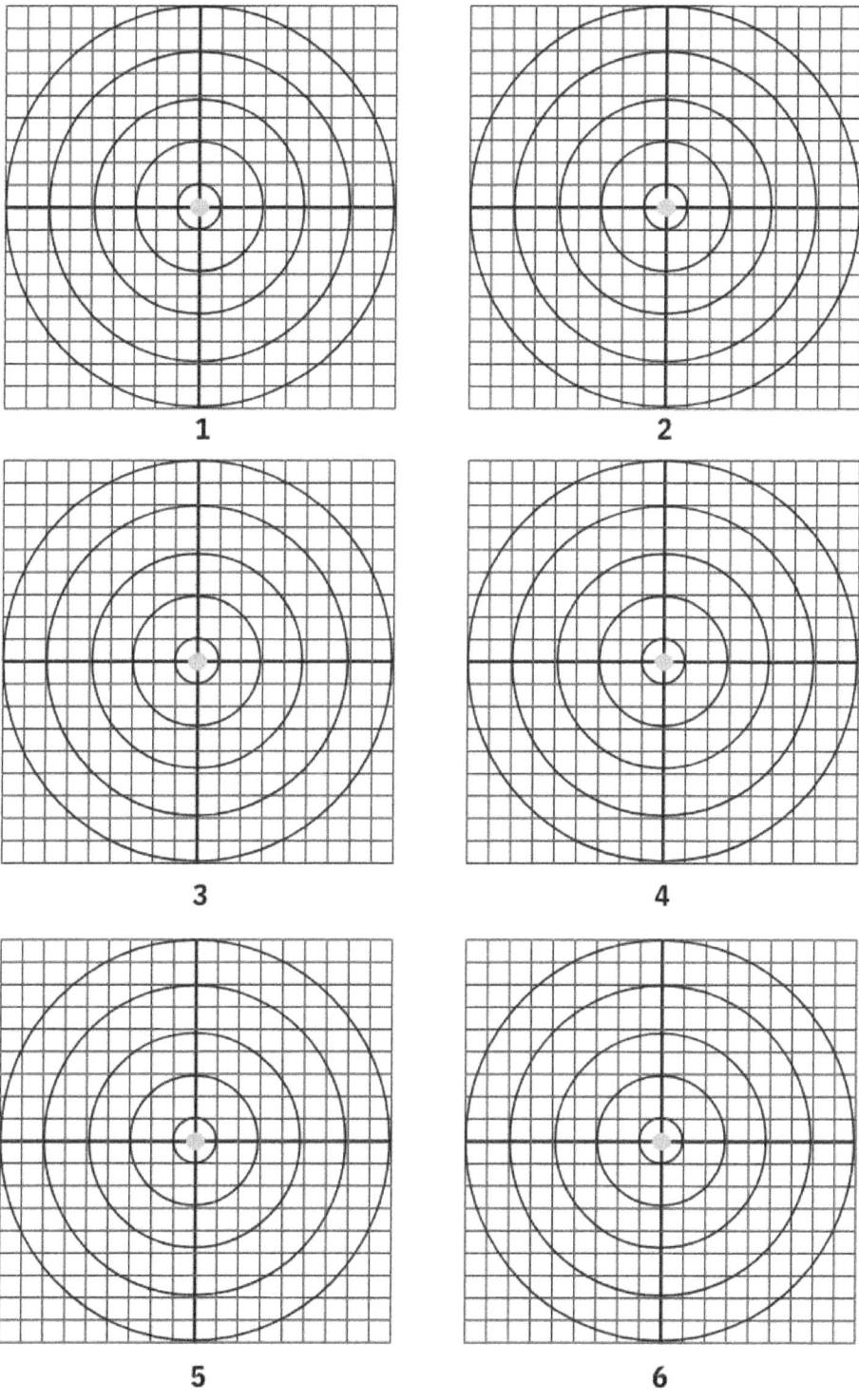

Täydellinen lahjaidea aloittelijoille ja ammattilaisille

Urheiluammunnan tietopäiväkirja

📅 Päivämäärä: _____   🕐 Aika: _____

📍 Sijainti: _____

Sääolosuhteet

☀️ ⛅ 🌥️ 🌦️ 🌧️ 🌨️ 🚩 🌡️
☐   ☐   ☐   ☐   ☐   ☐   ___ ___

Tuliase:	
Luoti:	Istuimen syvyys:
Jauhe:	Jyvät:
Pohjuste:	
Messinki:	
Etäisyys:	

Yleiset tulokset

☐ Fehno   ☐ Reilu   ☐ Hyvä   ☐ Erinomainen

Lisähuomautukset

_____
_____
_____

☆ ☆ ☆ ☆ ☆

Täydellinen lahjaidea aloittelijoille ja ammattilaisille

Urheiluammunnan tietopäiväkirja

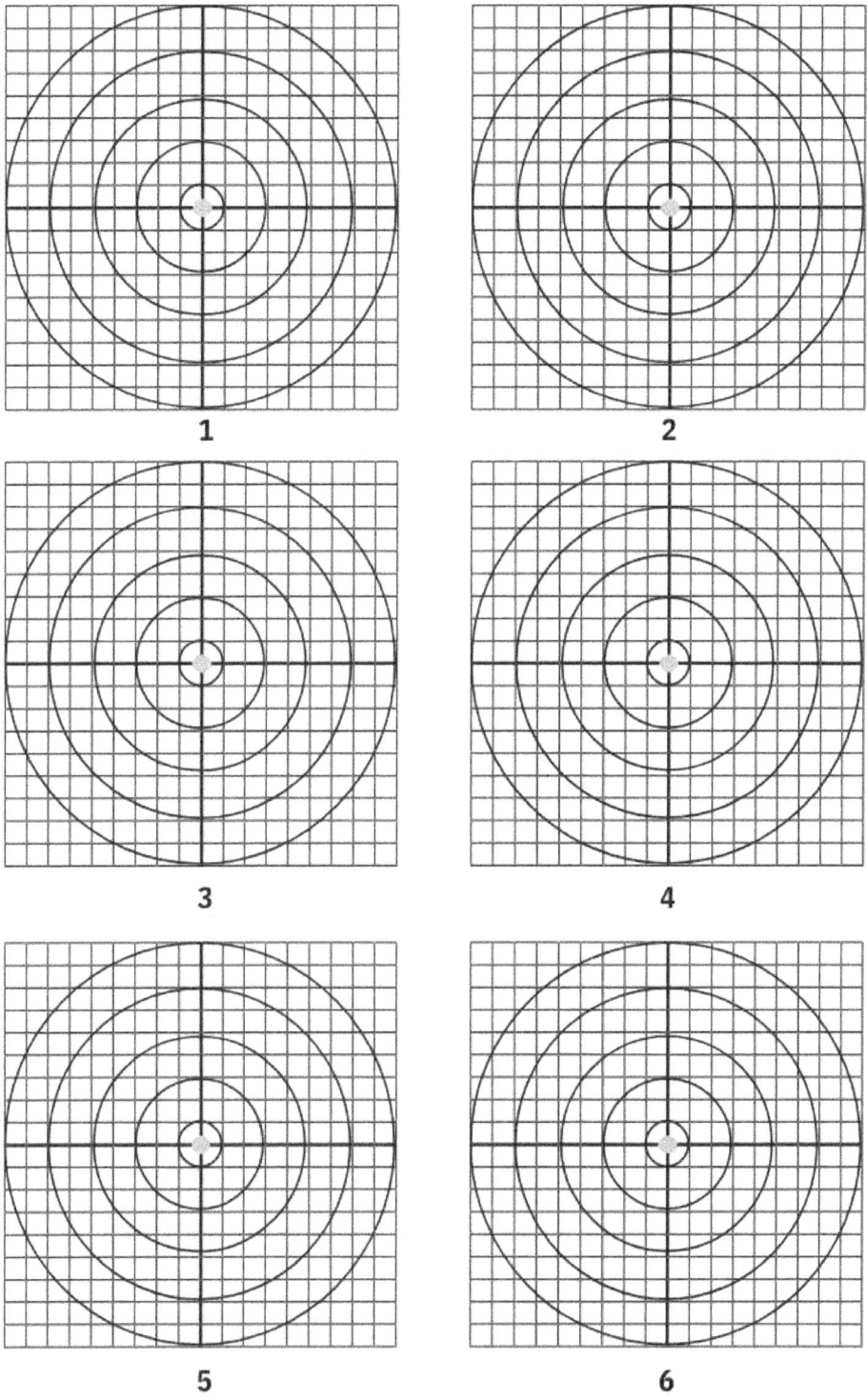

Täydellinen lahjaidea aloittelijoille ja ammattilaisille

Urheiluammunnan tietopäiväkirja

📅 Päivämäärä: _____   🕐 Aika: _____

📍 Sijainti: _____

Sääolosuhteet

☀ ☁ ⛅ 🌧 🌦 🌨 🚩 🌡
☐ ☐ ☐ ☐ ☐ ☐ ____ ____

Tuliase:	
Luoti:	Istuimen syvyys:
Jauhe:	Jyvät:
Pohjuste:	
Messinki:	
Etäisyys:	

Yleiset tulokset

☐ Fehno   ☐ Reilu   ☐ Hyvä   ☐ Erinomainen

Lisähuomautukset

_____

_____

_____

☆ ☆ ☆ ☆ ☆

Täydellinen lahjaidea aloittelijoille ja ammattilaisille

Urheiluammunnan tietopäiväkirja

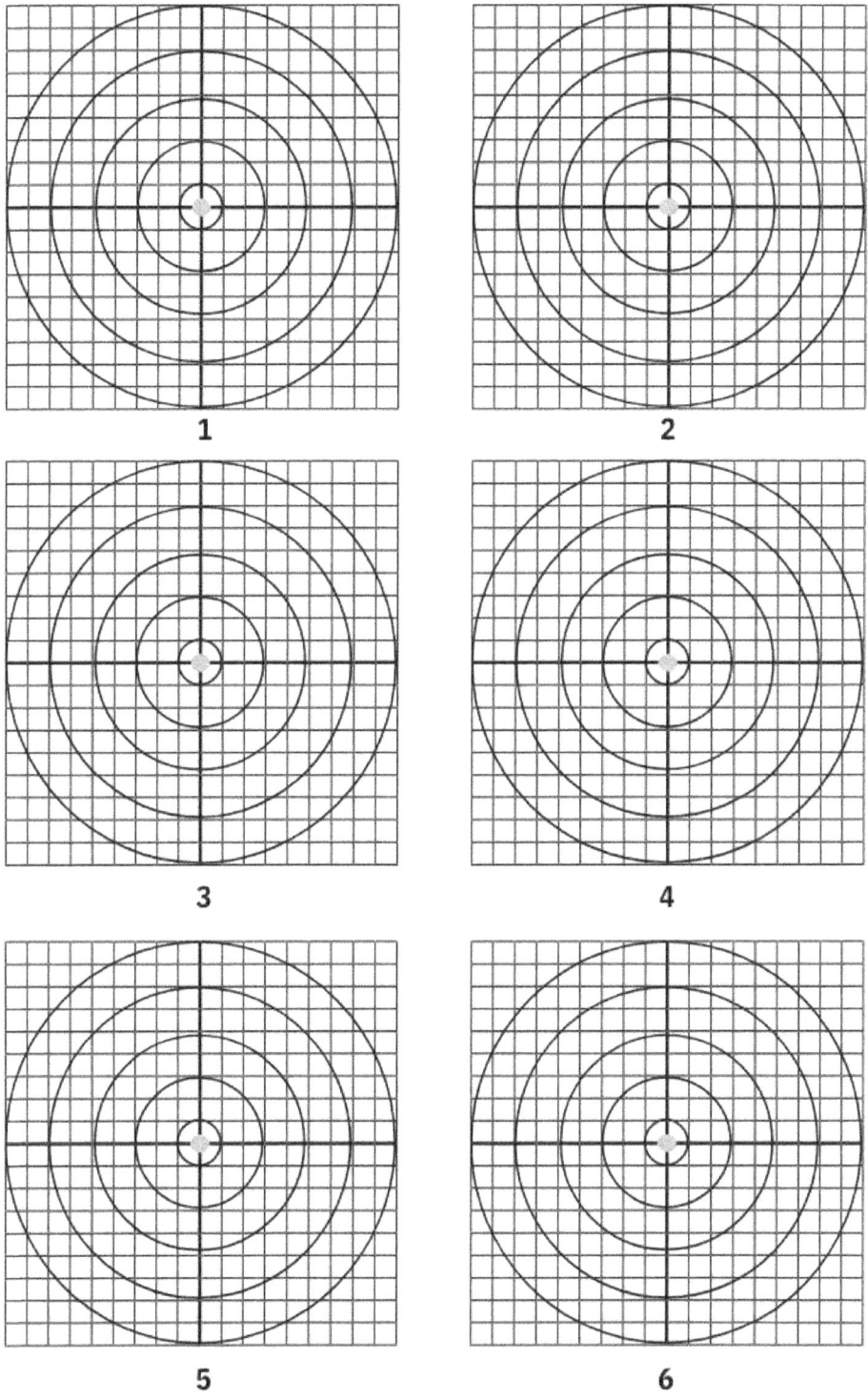

Täydellinen lahjaidea aloittelijoille ja ammattilaisille

Urheiluammunnan tietopäiväkirja

📅 Päivämäärä: _____   🕐 Aika: _____

📍 Sijainti: _____

Sääolosuhteet

☀️ ☁️ ⛅ 🌧️ 🌦️ 🌨️ 🚩 🌡️
☐ ☐ ☐ ☐ ☐ ☐ ___ ___

Tuliase:	
Luoti:	Istuimen syvyys:
Jauhe:	Jyvät:
Pohjuste:	
Messinki:	
Etäisyys:	

Yleiset tulokset

☐ Fehno   ☐ Reilu   ☐ Hyvä   ☐ Erinomainen

Lisähuomautukset

_____
_____
_____

☆ ☆ ☆ ☆ ☆

Täydellinen lahjaidea aloittelijoille ja ammattilaisille

Urheiluammunnan tietopäiväkirja

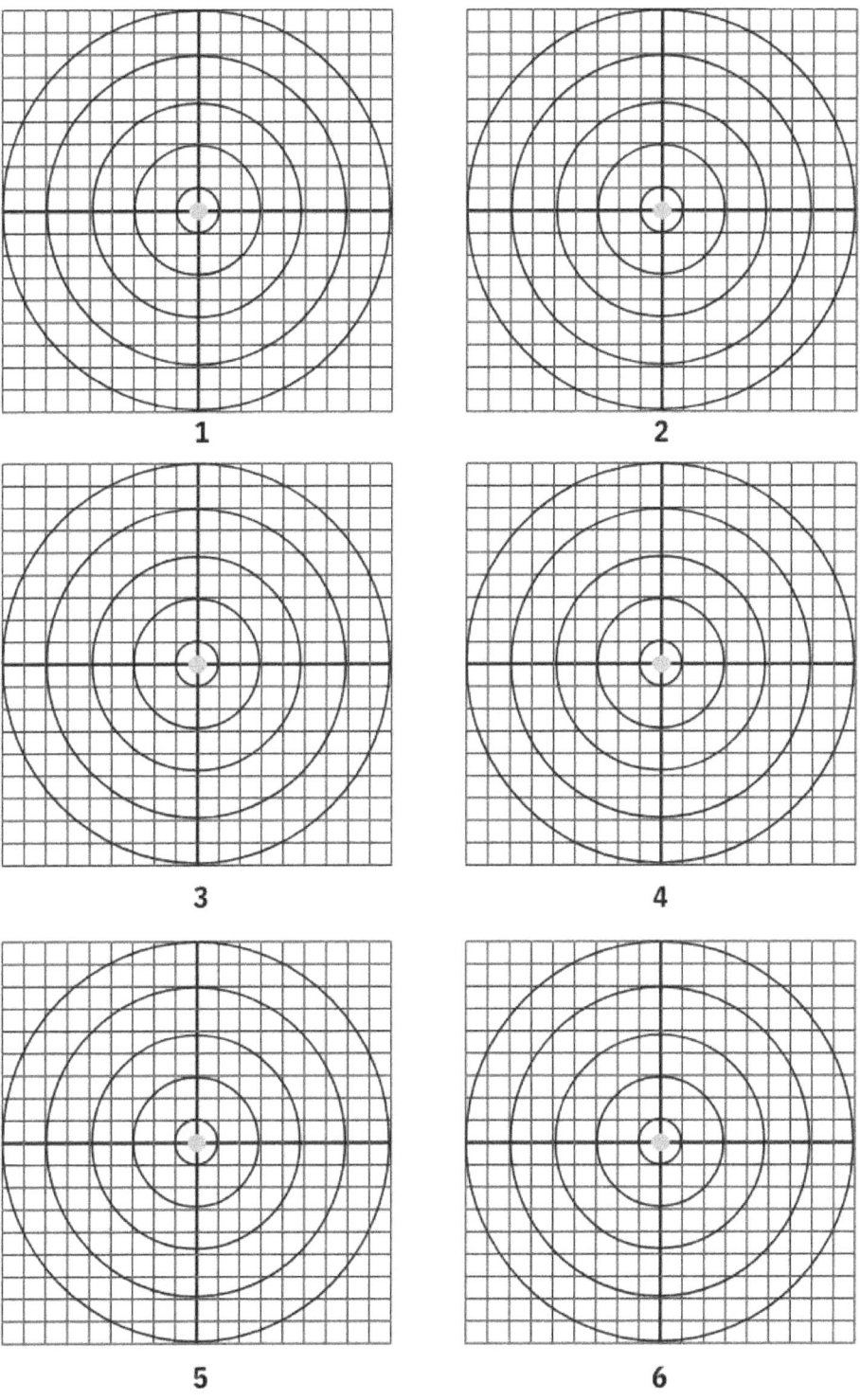

Täydellinen lahjaidea aloittelijoille ja ammattilaisille

Urheiluammunnan tietopäiväkirja

📅 Päivämäärä: _____ 🕐 Aika: _____

📍 Sijainti: _____

Sääolosuhteet

☀️ ⛅ ☁️ 🌧️ 🌧️ 🌨️ 🚩 🌡️
☐   ☐   ☐   ☐   ☐   ☐   ____ ____

Tuliase:	
Luoti:	Istuimen syvyys:
Jauhe:	Jyvät:
Pohjuste:	
Messinki:	
Etäisyys:	

Yleiset tulokset

☐ Fehno   ☐ Reilu   ☐ Hyvä   ☐ Erinomainen

Lisähuomautukset

_____

_____

_____

☆ ☆ ☆ ☆ ☆

Täydellinen lahjaidea aloittelijoille ja ammattilaisille

Urheiluammunnan tietopäiväkirja

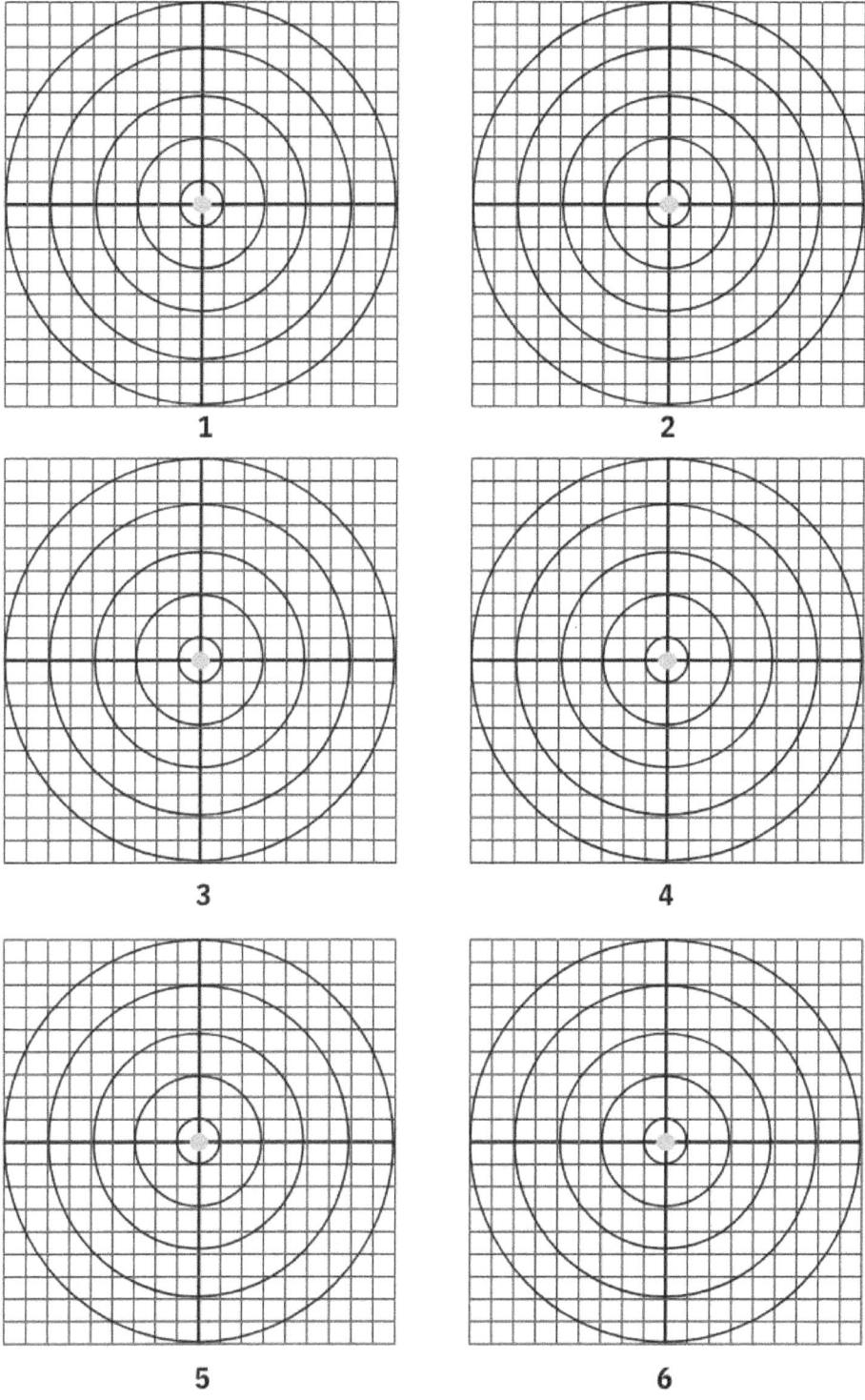

Täydellinen lahjaidea aloittelijoille ja ammattilaisille

Urheiluammunnan tietopäiväkirja

📅 Päivämäärä: _____   🕐 Aika: _____

📍 Sijainti: _____

Sääolosuhteet

☀️ ☐   ⛅ ☐   ☁️ ☐   🌧️ ☐   🌨️ ☐   🌨️ ☐   🚩 _____   🌡️ _____

Tuliase:	
Luoti:	Istuimen syvyys:
Jauhe:	Jyvät:
Pohjuste:	
Messinki:	
Etäisyys:	

Yleiset tulokset

☐ Fehno   ☐ Reilu   ☐ Hyvä   ☐ Erinomainen

Lisähuomautukset

_____
_____
_____

☆ ☆ ☆ ☆ ☆

Täydellinen lahjaidea aloittelijoille ja ammattilaisille

Urheiluammunnan tietopäiväkirja

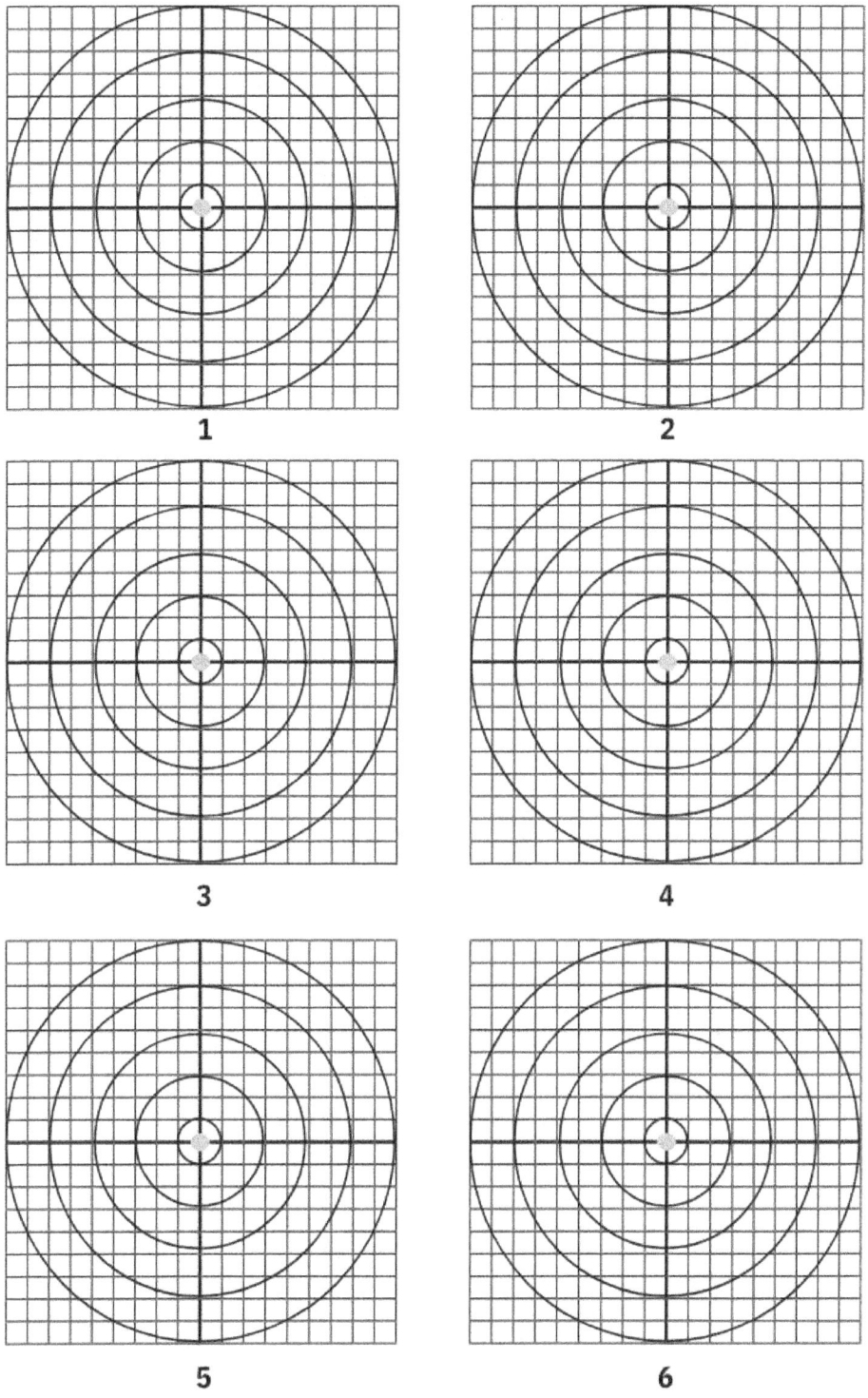

Täydellinen lahjaidea aloittelijoille ja ammattilaisille

Urheiluammunnan tietopäiväkirja

📅 Päivämäärä: _____   🕐 Aika: _____

📍 Sijainti: _____

Sääolosuhteet

☀️ ☁️ 🌤️ 🌧️ 🌨️ 🌩️ 🚩 🌡️
☐　☐　☐　☐　☐　☐　___　___

Tuliase:	
Luoti:	Istuimen syvyys:
Jauhe:	Jyvät:
Pohjuste:	
Messinki:	
Etäisyys:	

Yleiset tulokset

☐ Fehno   ☐ Reilu   ☐ Hyvä   ☐ Erinomainen

Lisähuomautukset

_____
_____
_____

☆ ☆ ☆ ☆ ☆

Täydellinen lahjaidea aloittelijoille ja ammattilaisille

Urheiluammunnan tietopäiväkirja

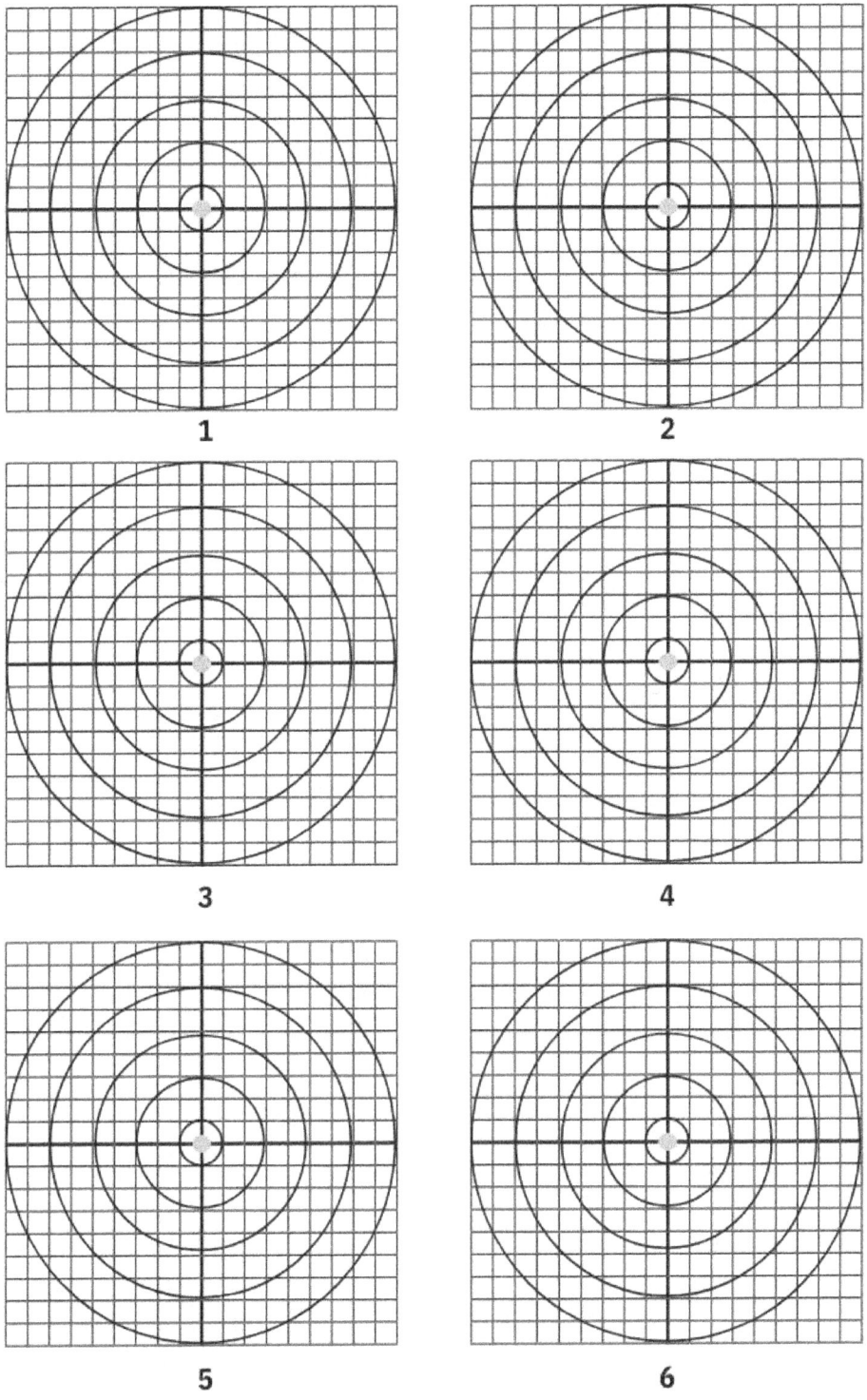

Täydellinen lahjaidea aloittelijoille ja ammattilaisille

Urheiluammunnan tietopäiväkirja

📅 Päivämäärä: _____   🕐 Aika: _____

📍 Sijainti: _____

Sääolosuhteet

☀️ ⛅ ☁️ 🌦️ 🌧️ 🌨️ 🚩 🌡️
☐ ☐ ☐ ☐ ☐ ☐ ____ ____

Tuliase:	
Luoti:	Istuimen syvyys:
Jauhe:	Jyvät:
Pohjuste:	
Messinki:	
Etäisyys:	

Yleiset tulokset

☐ Fehno   ☐ Reilu   ☐ Hyvä   ☐ Erinomainen

Lisähuomautukset

_____
_____
_____

☆ ☆ ☆ ☆ ☆

Täydellinen lahjaidea aloittelijoille ja ammattilaisille

Urheiluammunnan tietopäiväkirja

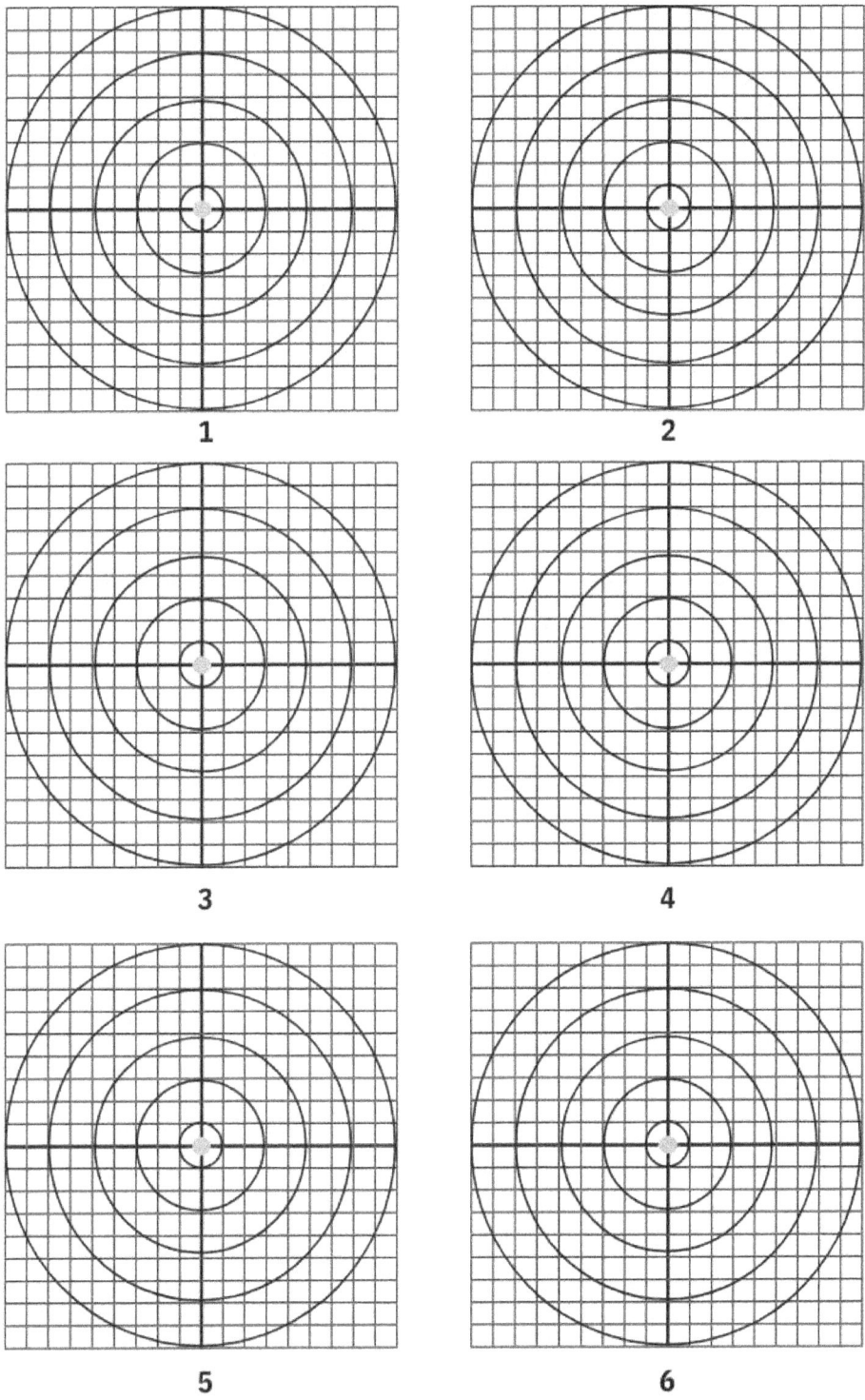

Täydellinen lahjaidea aloittelijoille ja ammattilaisille

Urheiluammunnan tietopäiväkirja

📅 Päivämäärä: _____ 🕐 Aika: _____

📍 Sijainti: _____

Sääolosuhteet

☀️ ☁️ ⛅ 🌧️ 🌧️ 🌨️ 🚩 🌡️
☐ ☐ ☐ ☐ ☐ ☐ ___ ___

Tuliase:	
Luoti:	Istuimen syvyys:
Jauhe:	Jyvät:
Pohjuste:	
Messinki:	
Etäisyys:	

Yleiset tulokset

☐ Fehno   ☐ Reilu   ☐ Hyvä   ☐ Erinomainen

Lisähuomautukset

_____
_____
_____

☆ ☆ ☆ ☆ ☆

Täydellinen lahjaidea aloittelijoille ja ammattilaisille

Urheiluammunnan tietopäiväkirja

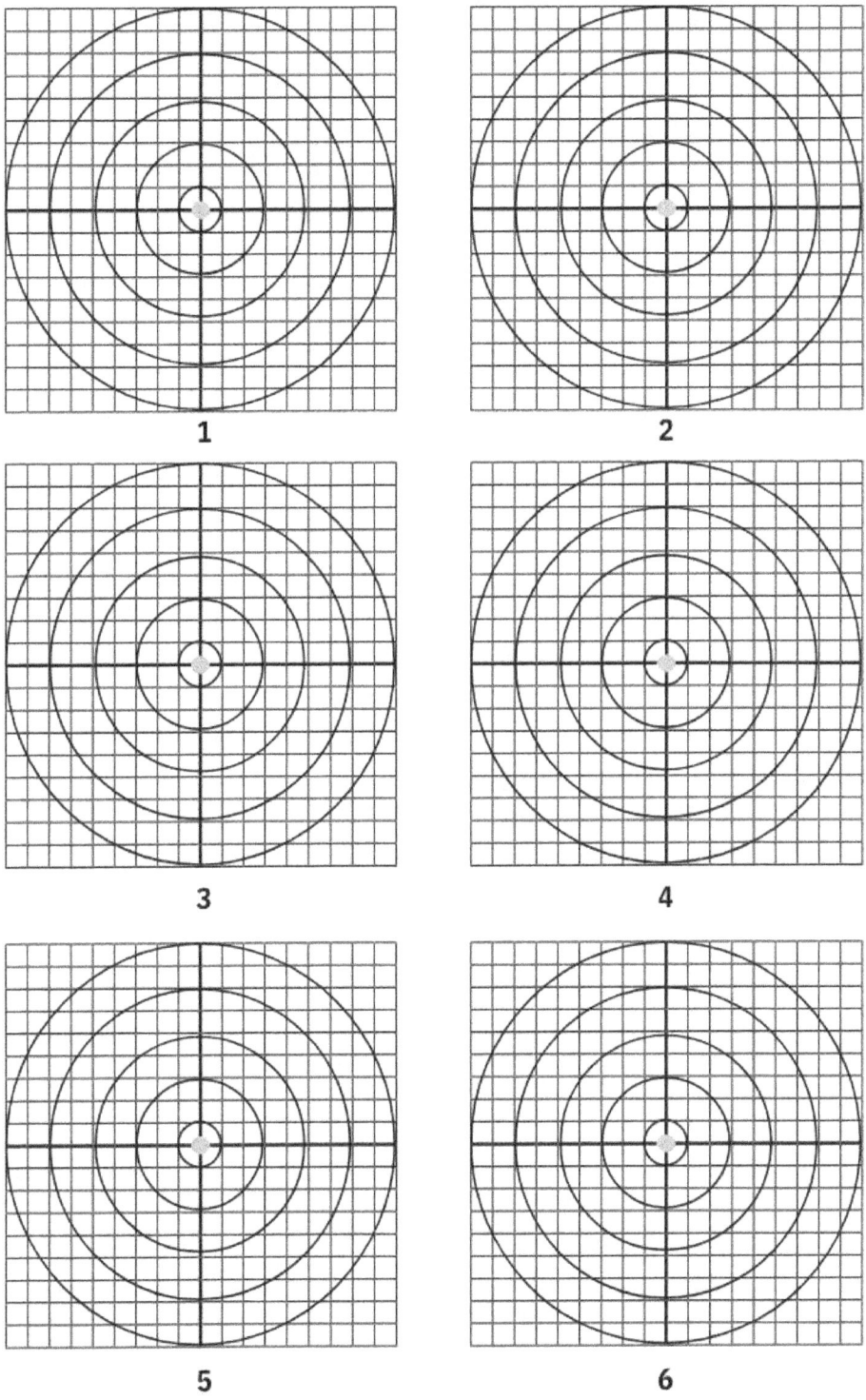

Täydellinen lahjaidea aloittelijoille ja ammattilaisille

Urheiluammunnan tietopäiväkirja

📅 Päivämäärä: _____ 🕐 Aika: _____

📍 Sijainti: _____

Sääolosuhteet

☀️ ☁️ 🌥️ 🌧️ 🌦️ 🌨️ 🚩____ 🌡️____
☐ ☐ ☐ ☐ ☐ ☐

Tuliase:	
Luoti:	Istuimen syvyys:
Jauhe:	Jyvät:
Pohjuste:	
Messinki:	
Etäisyys:	

Yleiset tulokset

☐ Fehno   ☐ Reilu   ☐ Hyvä   ☐ Erinomainen

Lisähuomautukset

_____
_____
_____

☆ ☆ ☆ ☆ ☆

Täydellinen lahjaidea aloittelijoille ja ammattilaisille

Urheiluammunnan tietopäiväkirja

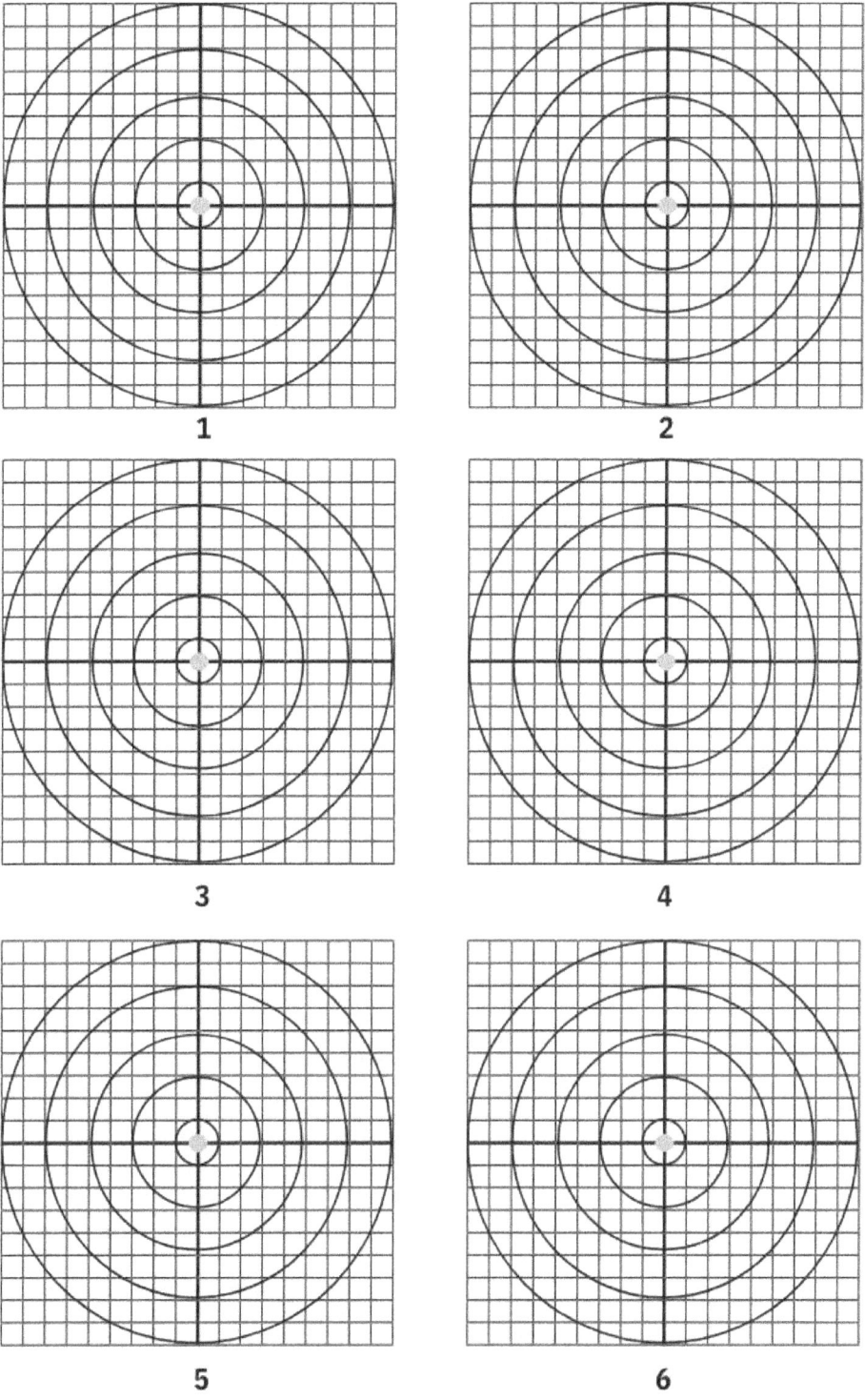

Täydellinen lahjaidea aloittelijoille ja ammattilaisille

Urheiluammunnan tietopäiväkirja

📅 Päivämäärä: _____ 🕐 Aika: _____

📍 Sijainti: _____

Sääolosuhteet

☀️ ⛅ 🌥️ 🌧️ 🌧️ 🌨️ 🚩 🌡️
☐   ☐   ☐   ☐   ☐   ☐   ___ ___

Tuliase:	
Luoti:	Istuimen syvyys:
Jauhe:	Jyvät:
Pohjuste:	
Messinki:	
Etäisyys:	

Yleiset tulokset

☐ Fehno   ☐ Reilu   ☐ Hyvä   ☐ Erinomainen

Lisähuomautukset

_____
_____
_____

☆ ☆ ☆ ☆ ☆

Täydellinen lahjaidea aloittelijoille ja ammattilaisille

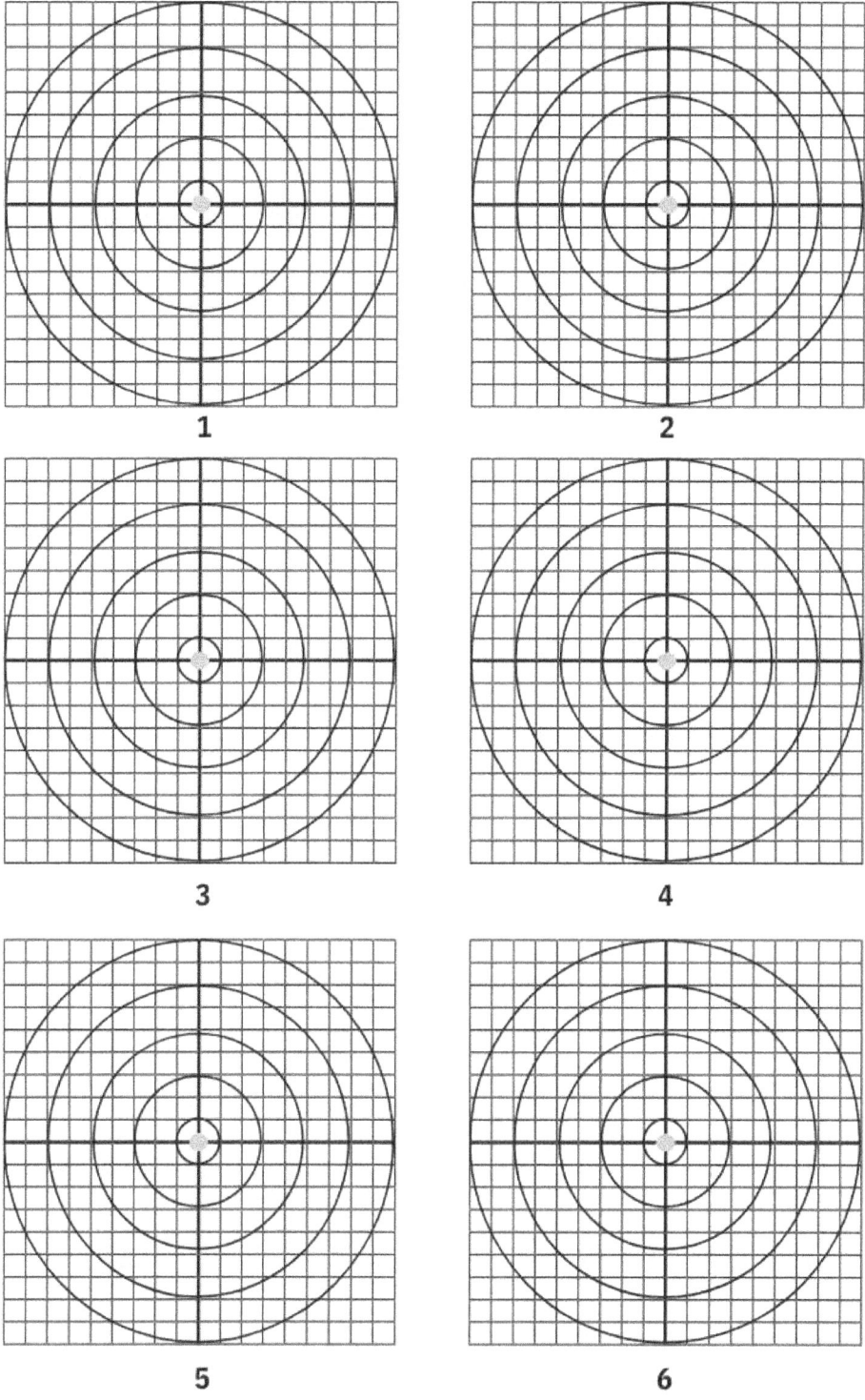

Urheiluammunnan tietopäiväkirja

📅 Päivämäärä: _____   🕐 Aika: _____

📍 Sijainti: _____

Sääolosuhteet

☀️ ⛅ 🌥️ 🌦️ 🌧️ 🌨️ 🚩 🌡️
☐ ☐ ☐ ☐ ☐ ☐ ___ ___

Tuliase:	
Luoti:	Istuimen syvyys:
Jauhe:	Jyvät:
Pohjuste:	
Messinki:	
Etäisyys:	

Yleiset tulokset

☐ Fehno   ☐ Reilu   ☐ Hyvä   ☐ Erinomainen

Lisähuomautukset

_____
_____

☆ ☆ ☆ ☆ ☆

Täydellinen lahjaidea aloittelijoille ja ammattilaisille

Urheiluammunnan tietopäiväkirja

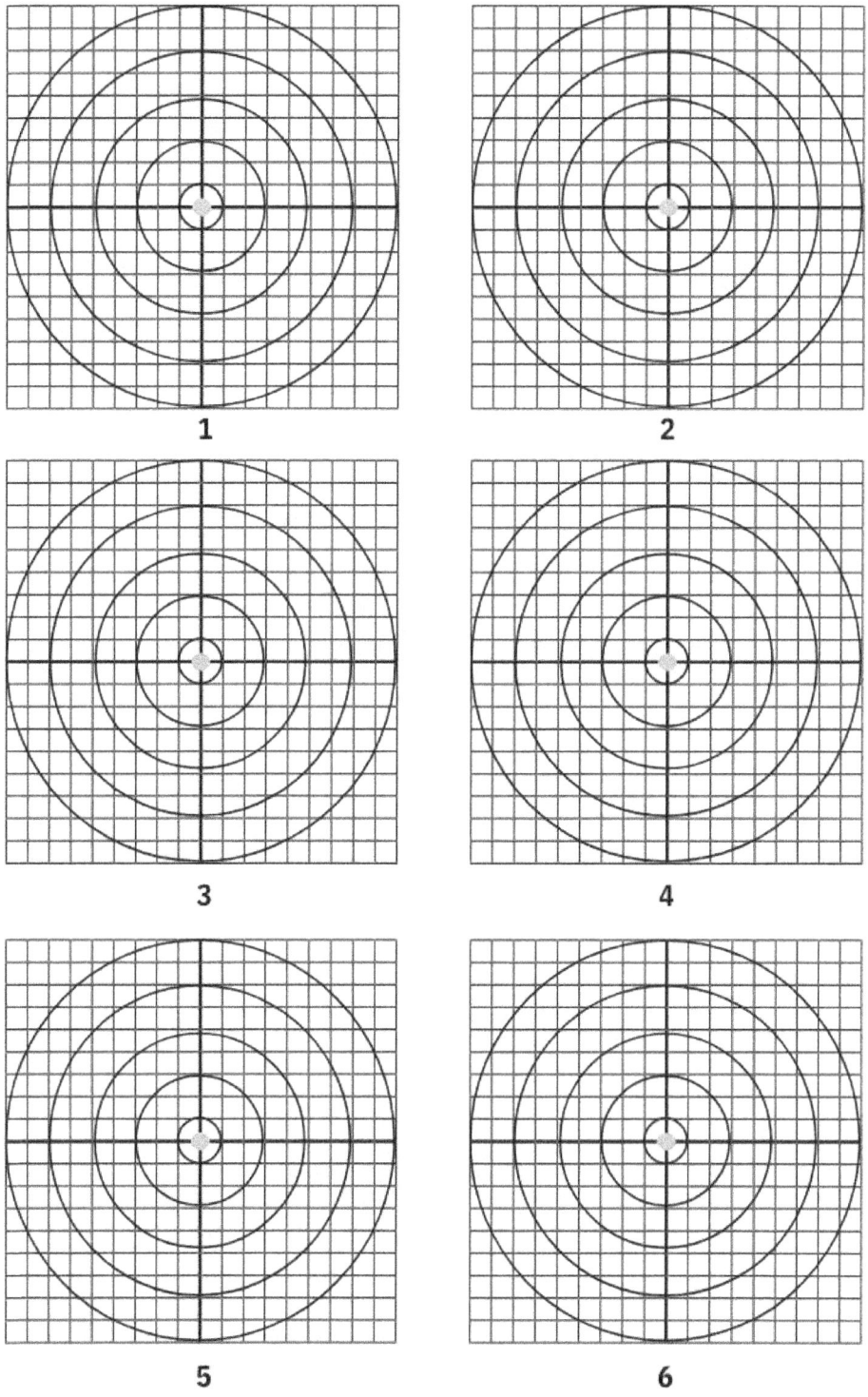

Täydellinen lahjaidea aloittelijoille ja ammattilaisille

Urheiluammunnan tietopäiväkirja

📅 Päivämäärä: _____ 🕐 Aika: _____

📍 Sijainti: _____

Sääolosuhteet

☀️ ⛅ 🌥️ 🌧️ 🌦️ 🌨️ 🚩 🌡️
☐   ☐   ☐   ☐   ☐   ☐   ___

Tuliase:	
Luoti:	Istuimen syvyys:
Jauhe:	Jyvät:
Pohjuste:	
Messinki:	
Etäisyys:	

Yleiset tulokset

☐ Fehno   ☐ Reilu   ☐ Hyvä   ☐ Erinomainen

Lisähuomautukset

_____
_____
_____

☆ ☆ ☆ ☆ ☆

Täydellinen lahjaidea aloittelijoille ja ammattilaisille

Urheiluammunnan tietopäiväkirja

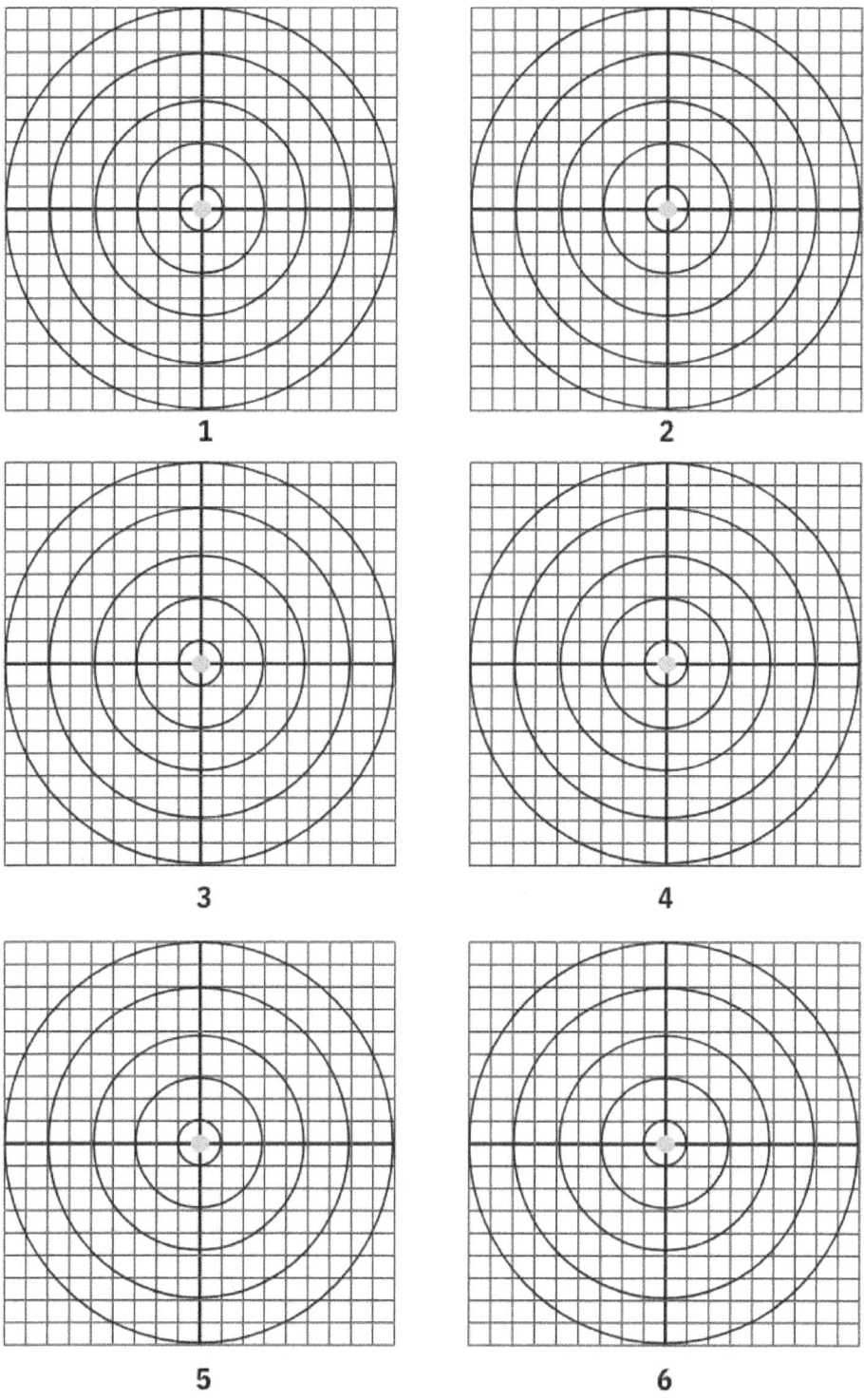

Täydellinen lahjaidea aloittelijoille ja ammattilaisille

Urheiluammunnan tietopäiväkirja

📅 Päivämäärä: _____ 🕐 Aika: _____

📍 Sijainti: _____

Sääolosuhteet

☀️ ⛅ ☁️ 🌧️ 🌧️ 🌨️ 🚩 🌡️
☐ ☐ ☐ ☐ ☐ ☐ ___ ___

Tuliase:	
Luoti:	Istuimen syvyys:
Jauhe:	Jyvät:
Pohjuste:	
Messinki:	
Etäisyys:	

Yleiset tulokset

☐ Fehno   ☐ Reilu   ☐ Hyvä   ☐ Erinomainen

Lisähuomautukset

_____
_____
_____

☆ ☆ ☆ ☆ ☆

Täydellinen lahjaidea aloittelijoille ja ammattilaisille

Urheiluammunnan tietopäiväkirja

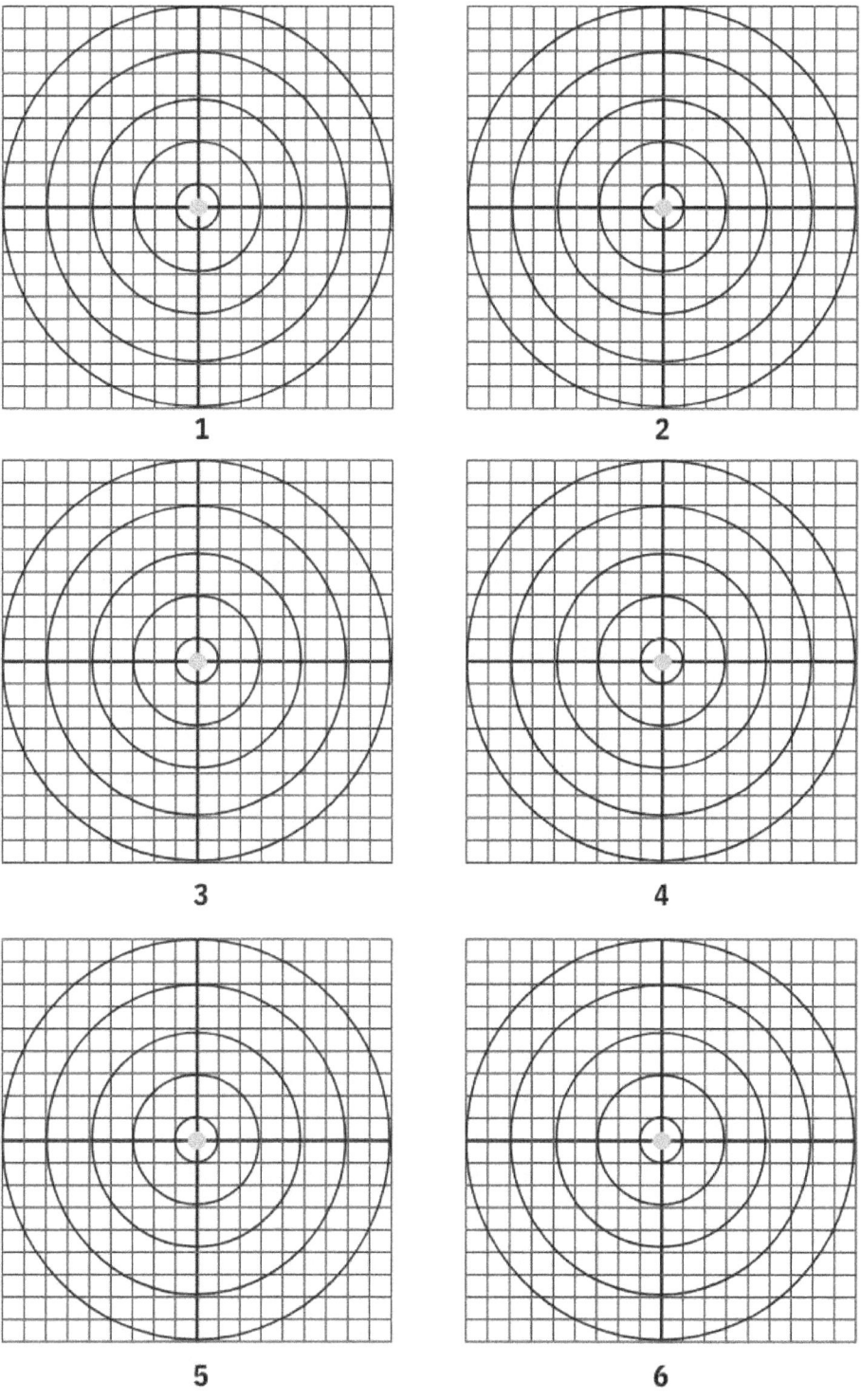

Täydellinen lahjaidea aloittelijoille ja ammattilaisille

Urheiluammunnan tietopäiväkirja

📅 Päivämäärä: _____   🕐 Aika: _____

📍 Sijainti: _____

Sääolosuhteet

☀ ☁ 🌤 🌧 🌦 🌨 🚩 🌡
☐ ☐ ☐ ☐ ☐ ☐ ___ ___

Tuliase:	
Luoti:	Istuimen syvyys:
Jauhe:	Jyvät:
Pohjuste:	
Messinki:	
Etäisyys:	

Yleiset tulokset

☐ Fehno   ☐ Reilu   ☐ Hyvä   ☐ Erinomainen

Lisähuomautukset

_____
_____
_____

☆ ☆ ☆ ☆ ☆

Täydellinen lahjaidea aloittelijoille ja ammattilaisille

Urheiluammunnan tietopäiväkirja

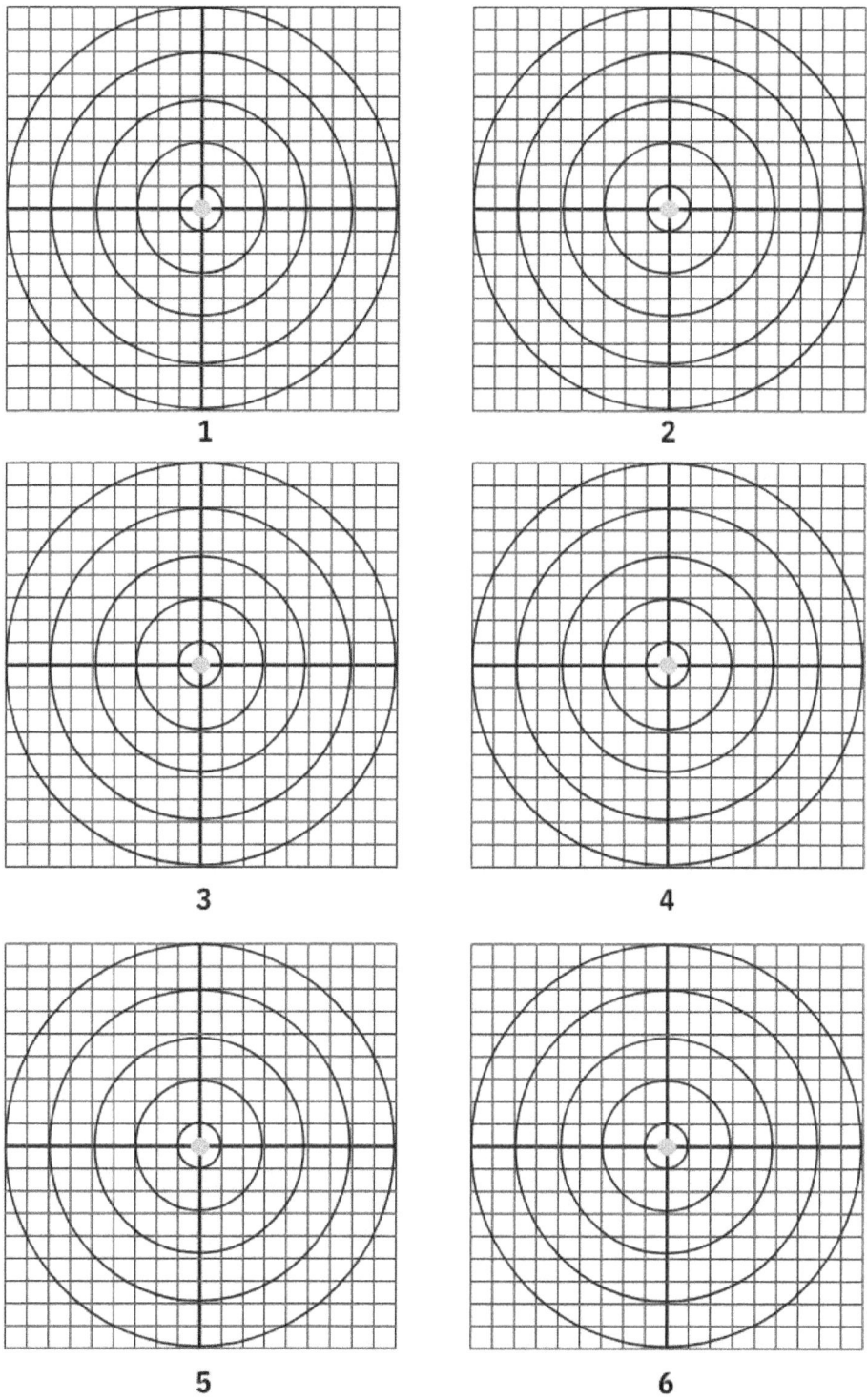

Täydellinen lahjaidea aloittelijoille ja ammattilaisille

Urheiluammunnan tietopäiväkirja

📅 Päivämäärä: _____ 🕐 Aika: _____

📍 Sijainti: _____

Sääolosuhteet

☀️ ⛅ 🌥️ 🌦️ 🌧️ 🌨️ 🚩 🌡️
☐ ☐ ☐ ☐ ☐ ☐ ___ ___

Tuliase:	
Luoti:	Istuimen syvyys:
Jauhe:	Jyvät:
Pohjuste:	
Messinki:	
Etäisyys:	

Yleiset tulokset

☐ Fehno ☐ Reilu ☐ Hyvä ☐ Erinomainen

Lisähuomautukset

_____
_____
_____

☆ ☆ ☆ ☆ ☆

Täydellinen lahjaidea aloittelijoille ja ammattilaisille

Urheiluammunnan tietopäiväkirja

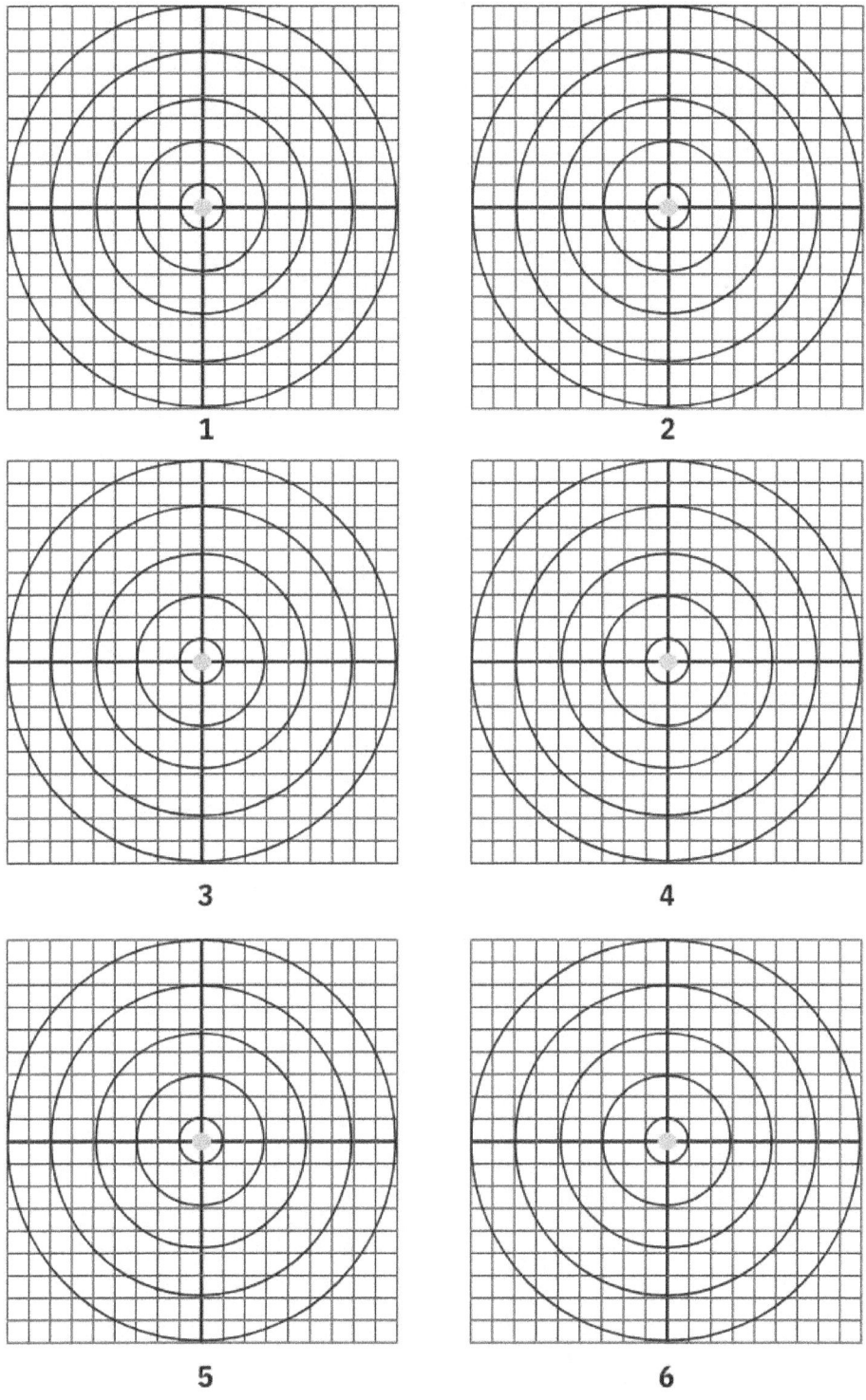

Täydellinen lahjaidea aloittelijoille ja ammattilaisille

Urheiluammunnan tietopäiväkirja

📅 Päivämäärä: _____ 🕐 Aika: _____

📍 Sijainti: _____

Sääolosuhteet

☀️ ⛅ 🌥️ 🌧️ 🌦️ 🌨️ 🚩 🌡️
☐ ☐ ☐ ☐ ☐ ☐ ___ ___

Tuliase:	
Luoti:	Istuimen syvyys:
Jauhe:	Jyvät:
Pohjuste:	
Messinki:	
Etäisyys:	

Yleiset tulokset

☐ Fehno ☐ Reilu ☐ Hyvä ☐ Erinomainen

Lisähuomautukset

_____

_____

_____

☆ ☆ ☆ ☆ ☆

Täydellinen lahjaidea aloittelijoille ja ammattilaisille

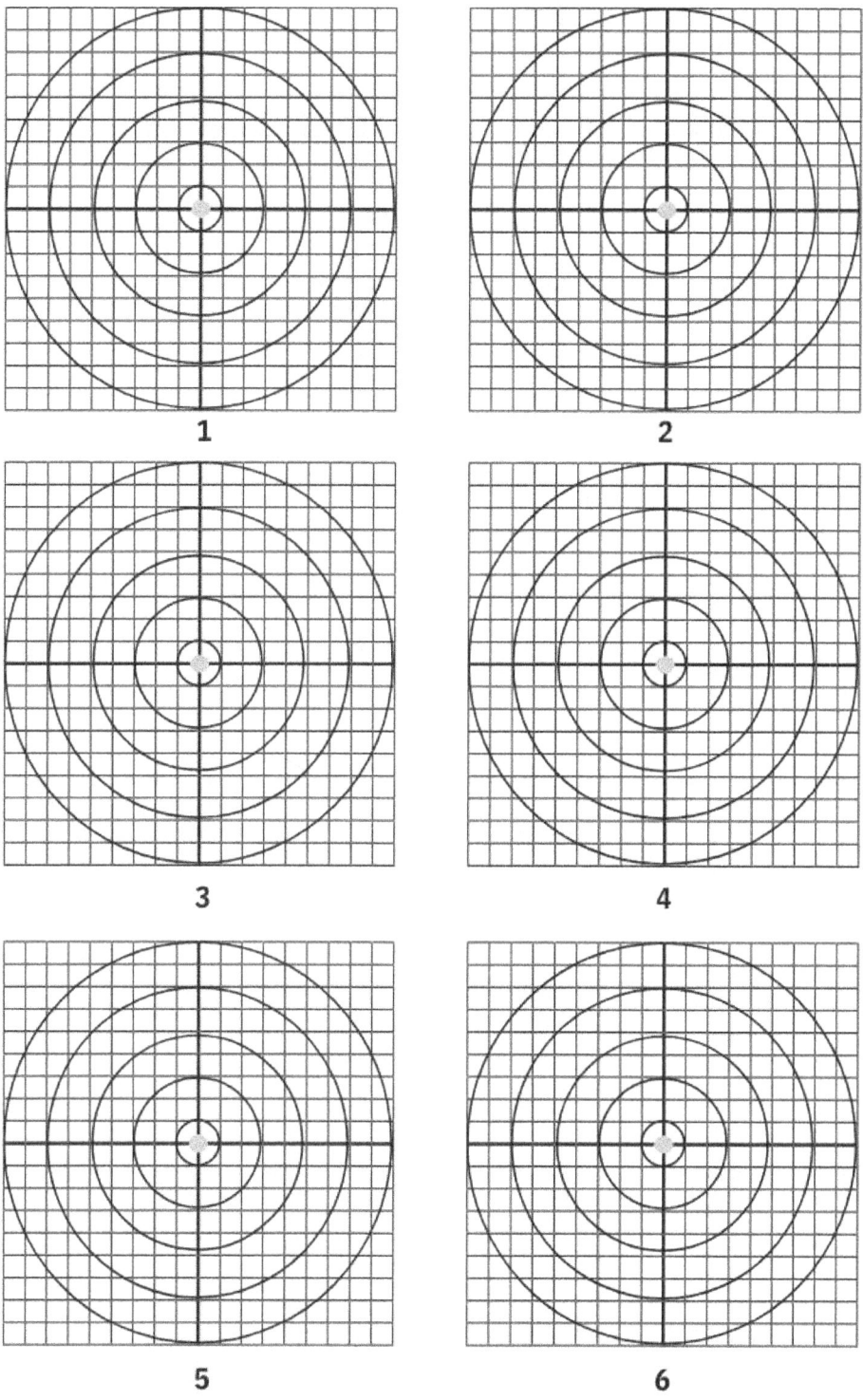

Urheiluammunnan tietopäiväkirja

📅 Päivämäärä: _____ 🕐 Aika: _____

📍 Sijainti: _____

Sääolosuhteet

☀️ ⛅ 🌥️ 🌧️ 🌦️ 🌨️ 🚩 🌡️
☐ ☐ ☐ ☐ ☐ ☐ ___ ___

Tuliase:	
Luoti:	Istuimen syvyys:
Jauhe:	Jyvät:
Pohjuste:	
Messinki:	
Etäisyys:	

Yleiset tulokset

☐ Fehno   ☐ Reilu   ☐ Hyvä   ☐ Erinomainen

Lisähuomautukset

_____

_____

☆ ☆ ☆ ☆ ☆

Täydellinen lahjaidea aloittelijoille ja ammattilaisille

Urheiluammunnan tietopäiväkirja

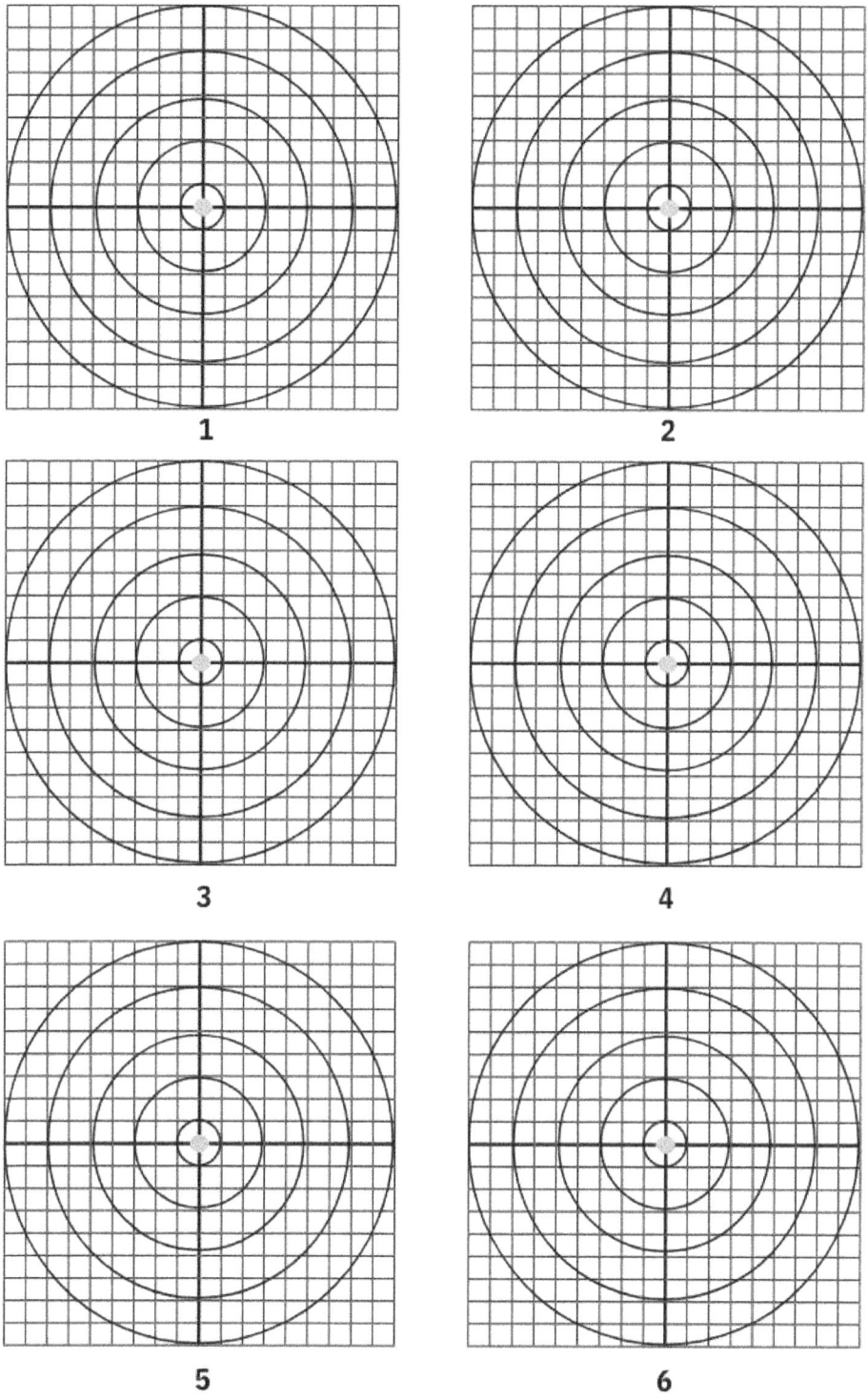

Täydellinen lahjaidea aloittelijoille ja ammattilaisille

Urheiluammunnan tietopäiväkirja

Päivämäärä: _____ **Aika:** _____

Sijainti: _____

Sääolosuhteet

☀️ ☁️ 🌤️ 🌧️ 🌦️ 🌨️ 🚩 🌡️ _____

☐ ☐ ☐ ☐ ☐ ☐

Tuliase:	
Luoti:	Istuimen syvyys:
Jauhe:	Jyvät:
Pohjuste:	
Messinki:	
Etäisyys:	

Yleiset tulokset

☐ Fehno ☐ Reilu ☐ Hyvä ☐ Erinomainen

Lisähuomautukset

_____
_____
_____

☆ ☆ ☆ ☆ ☆

Täydellinen lahjaidea aloittelijoille ja ammattilaisille

Urheiluammunnan tietopäiväkirja

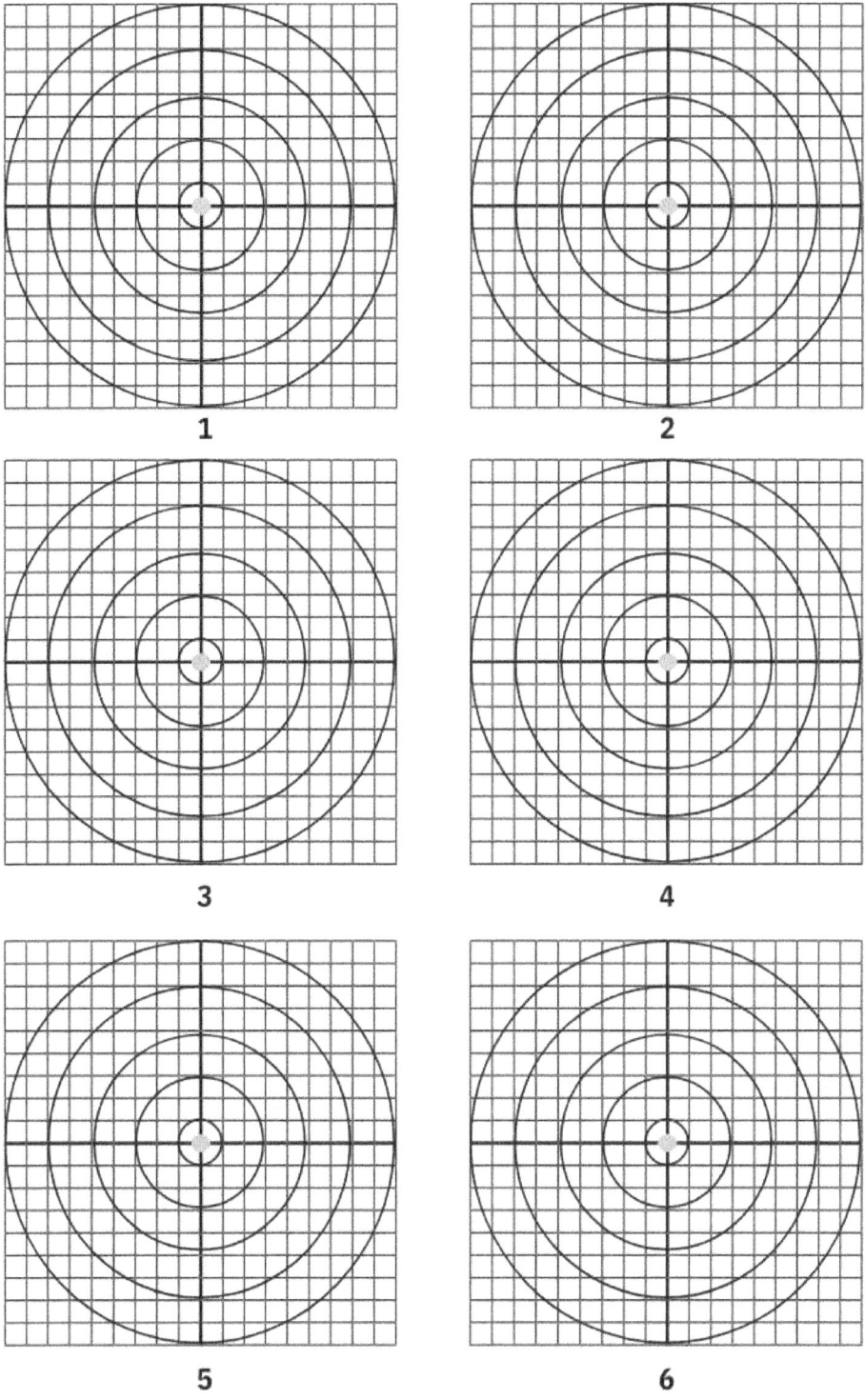

Täydellinen lahjaidea aloittelijoille ja ammattilaisille

Urheiluammunnan tietopäiväkirja

📅 Päivämäärä: _____ 🕐 Aika: _____

📍 Sijainti: _____

Sääolosuhteet

☀️ ⛅ 🌥️ 🌦️ 🌧️ 🌨️ 🚩 🌡️
☐ ☐ ☐ ☐ ☐ ☐ ___ ___

Tuliase:	
Luoti:	Istuimen syvyys:
Jauhe:	Jyvät:
Pohjuste:	
Messinki:	
Etäisyys:	

Yleiset tulokset

☐ Fehno   ☐ Reilu   ☐ Hyvä   ☐ Erinomainen

Lisähuomautukset

_____

_____

_____

☆ ☆ ☆ ☆ ☆

Täydellinen lahjaidea aloittelijoille ja ammattilaisille

Urheiluammunnan tietopäiväkirja

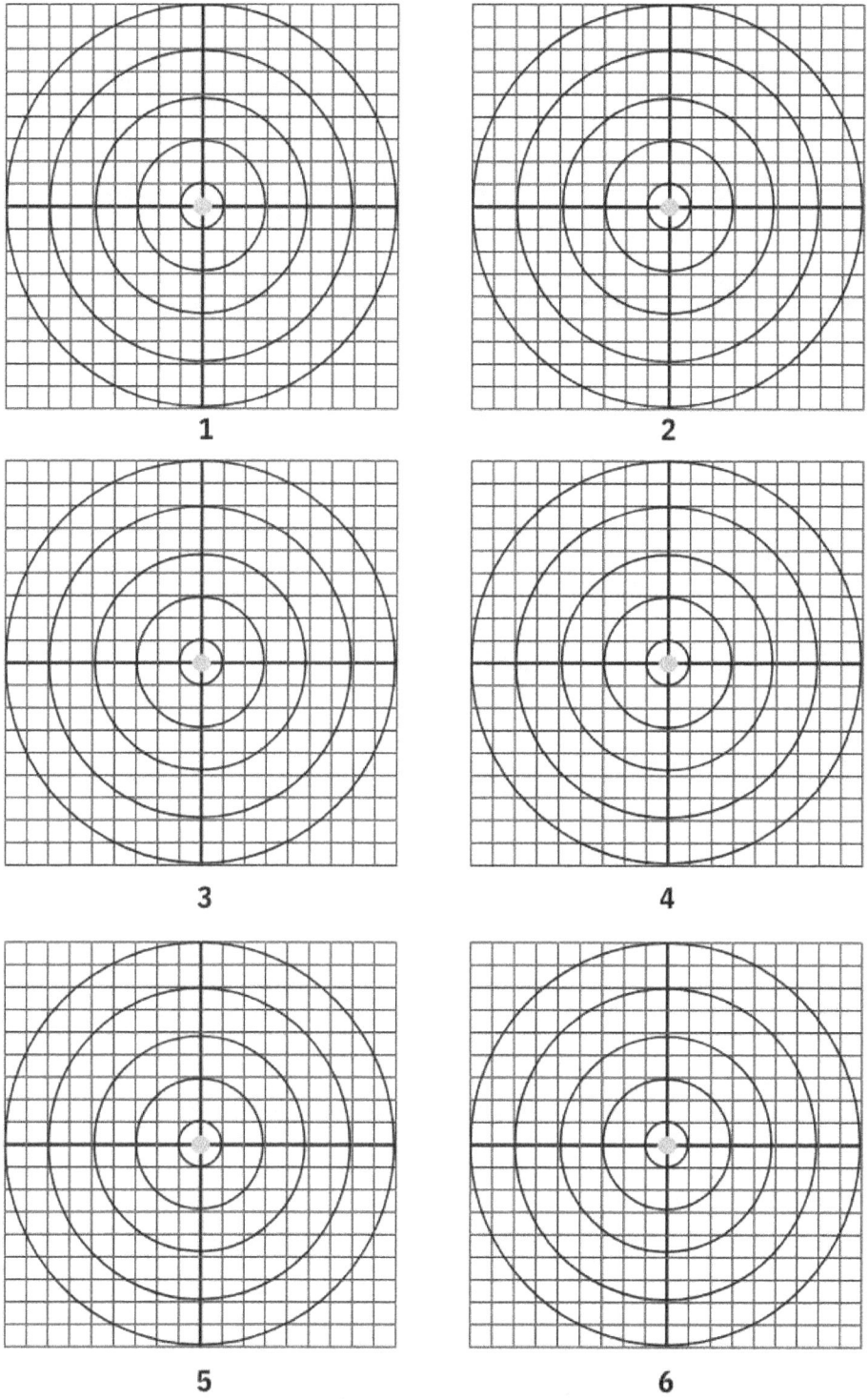

Täydellinen lahjaidea aloittelijoille ja ammattilaisille

Urheiluammunnan tietopäiväkirja

📅 Päivämäärä:_____ 🕐 Aika:_____

📍 Sijainti:_____

Sääolosuhteet

☀️ ⛅ 🌥️ 🌧️ 🌧️ 🌨️ 🚩 🌡️
☐ ☐ ☐ ☐ ☐ ☐ ___ ___

Tuliase:	
Luoti:	Istuimen syvyys:
Jauhe:	Jyvät:
Pohjuste:	
Messinki:	
Etäisyys:	

Yleiset tulokset

☐ Fehno   ☐ Reilu   ☐ Hyvä   ☐ Erinomainen

Lisähuomautukset

_____
_____
_____

☆ ☆ ☆ ☆ ☆

Täydellinen lahjaidea aloittelijoille ja ammattilaisille

Urheiluammunnan tietopäiväkirja

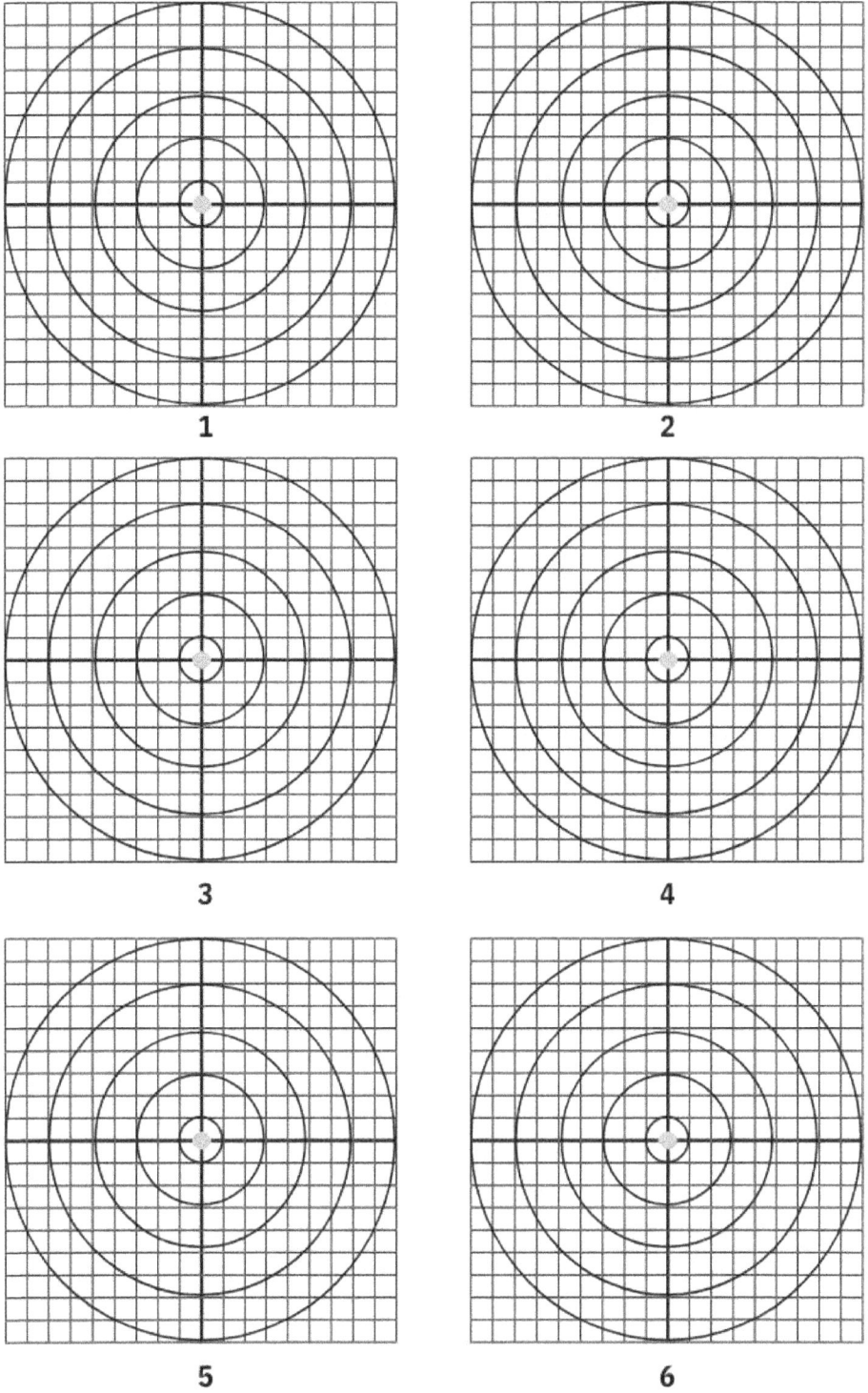

Täydellinen lahjaidea aloittelijoille ja ammattilaisille

Urheiluammunnan tietopäiväkirja

📅 Päivämäärä: _____   🕐 Aika: _____

📍 Sijainti: _____

Sääolosuhteet

☀️ ☁️ ⛅ 🌧️ 🌨️ ❄️ 🚩 🌡️
☐ ☐ ☐ ☐ ☐ ☐ ___ ___

Tuliase:	
Luoti:	Istuimen syvyys:
Jauhe:	Jyvät:
Pohjuste:	
Messinki:	
Etäisyys:	

Yleiset tulokset

☐ Fehno   ☐ Reilu   ☐ Hyvä   ☐ Erinomainen

Lisähuomautukset

_____
_____

☆ ☆ ☆ ☆ ☆

Täydellinen lahjaidea aloittelijoille ja ammattilaisille

Urheiluammunnan tietopäiväkirja

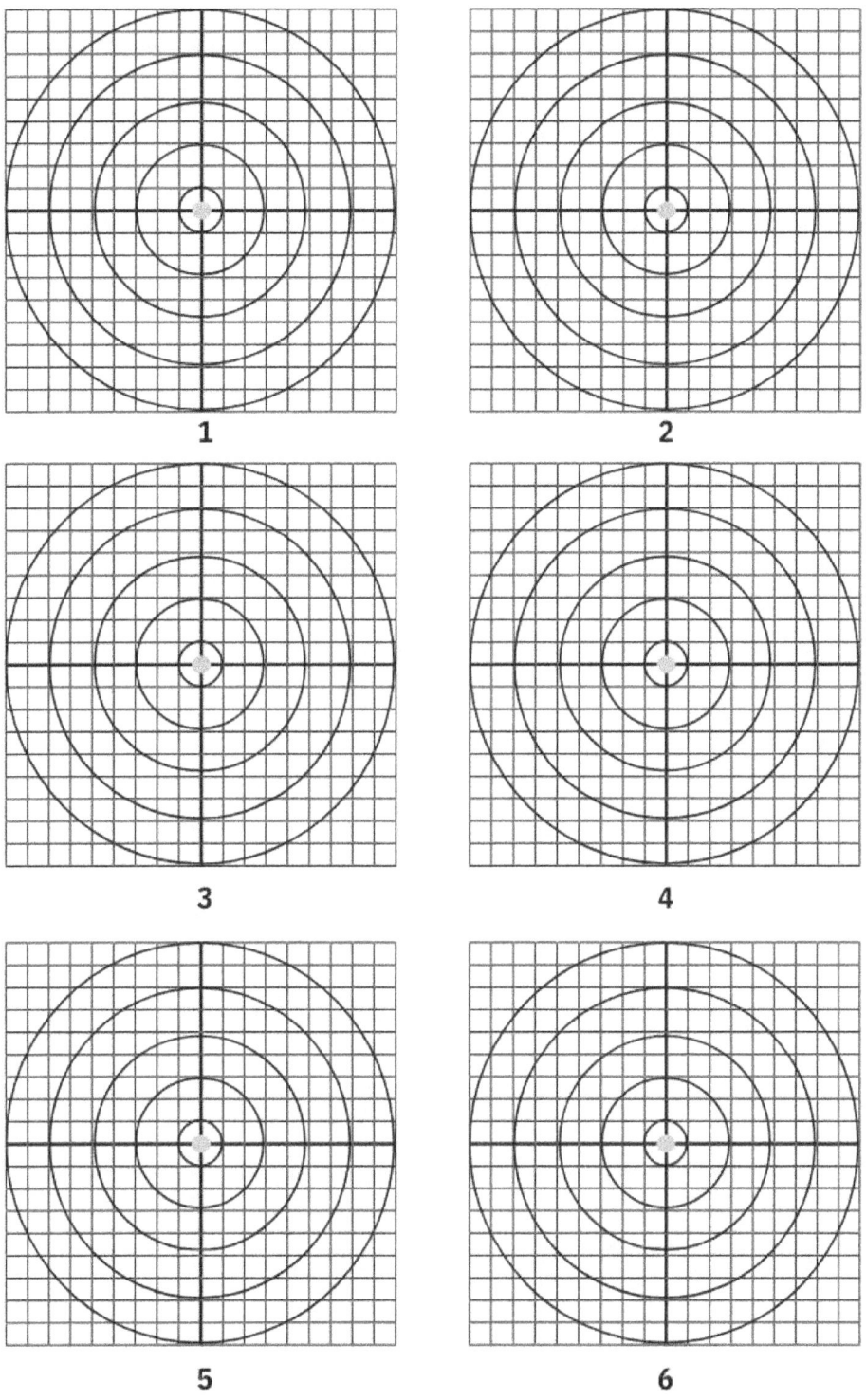

Täydellinen lahjaidea aloittelijoille ja ammattilaisille

Urheiluammunnan tietopäiväkirja

📅 Päivämäärä: _____   🕐 Aika: _____

📍 Sijainti: _____

Sääolosuhteet

☀️ ⛅ 🌥️ 🌦️ 🌧️ 🌨️ 🚩 🌡️
☐   ☐   ☐   ☐   ☐   ☐   ___ ___

Tuliase:	
Luoti:	Istuimen syvyys:
Jauhe:	Jyvät:
Pohjuste:	
Messinki:	
Etäisyys:	

Yleiset tulokset

☐ Fehno   ☐ Reilu   ☐ Hyvä   ☐ Erinomainen

Lisähuomautukset

_____

_____

Täydellinen lahjaidea aloittelijoille ja ammattilaisille

Urheiluammunnan tietopäiväkirja

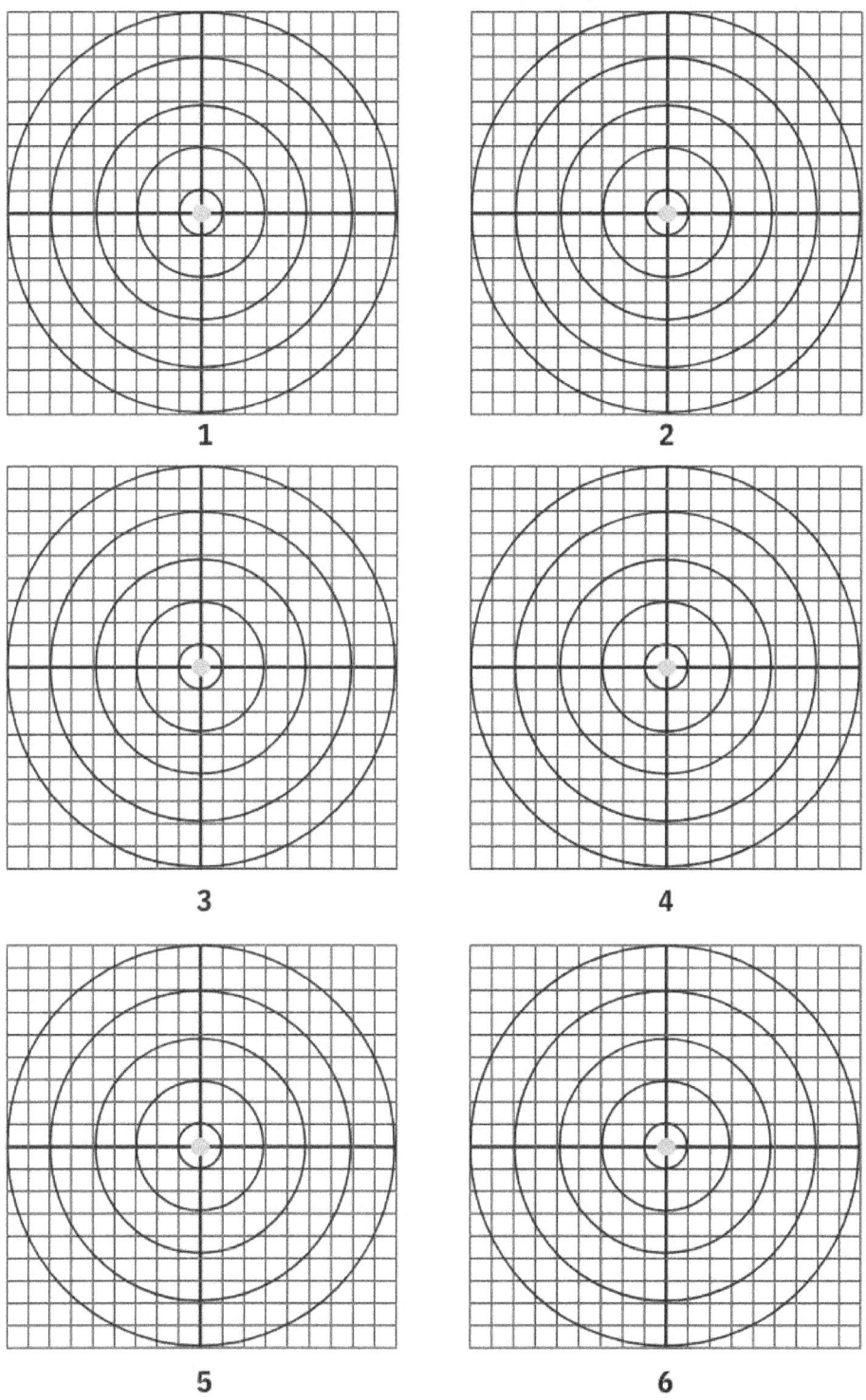

Täydellinen lahjaidea aloittelijoille ja ammattilaisille

Urheiluammunnan tietopäiväkirja

📅 Päivämäärä: _____   🕐 Aika: _____

📍 Sijainti: _____

Sääolosuhteet

☀️ ⛅ 🌥️ 🌦️ 🌧️ 🌨️   🚩 _____   🌡️ _____
☐　☐　☐　☐　☐　☐

Tuliase:	
Luoti:	Istuimen syvyys:
Jauhe:	Jyvät:
Pohjuste:	
Messinki:	
Etäisyys:	

Yleiset tulokset

☐ Fehno   ☐ Reilu   ☐ Hyvä   ☐ Erinomainen

Lisähuomautukset

_____
_____
_____

☆ ☆ ☆ ☆ ☆

Täydellinen lahjaidea aloittelijoille ja ammattilaisille

Urheiluammunnan tietopäiväkirja

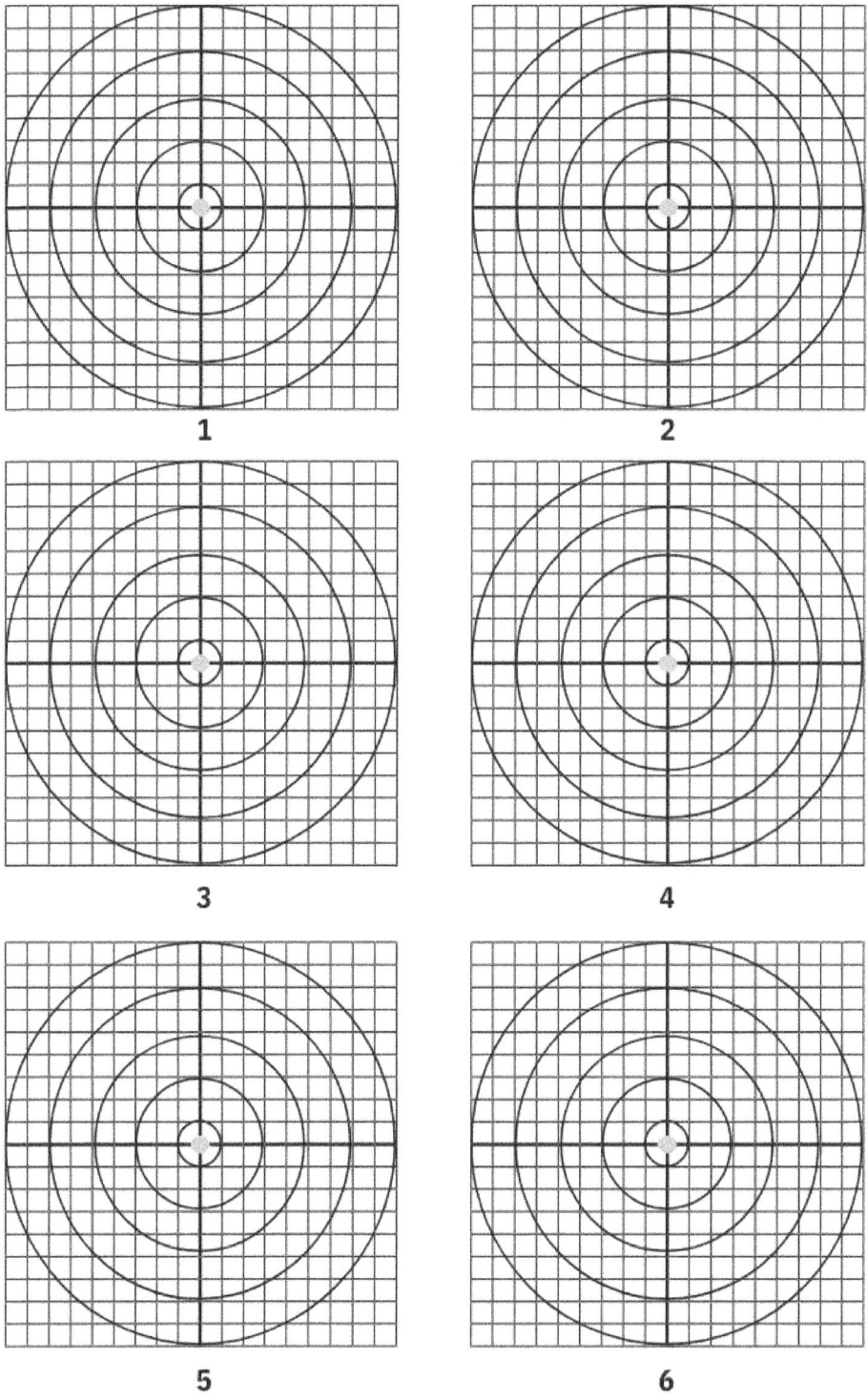

Täydellinen lahjaidea aloittelijoille ja ammattilaisille

Urheiluammunnan tietopäiväkirja

📅 Päivämäärä: _____ 🕐 Aika: _____

📍 Sijainti: _____

Sääolosuhteet

☀ ⛅ 🌤 🌧 ☁ 🌨 🚩 🌡
☐ ☐ ☐ ☐ ☐ ☐ ___ ___

Tuliase:	
Luoti:	Istuimen syvyys:
Jauhe:	Jyvät:
Pohjuste:	
Messinki:	
Etäisyys:	

Yleiset tulokset

☐ Fehno ☐ Reilu ☐ Hyvä ☐ Erinomainen

Lisähuomautukset

_____
_____
_____

☆ ☆ ☆ ☆ ☆

Täydellinen lahjaidea aloittelijoille ja ammattilaisille

Urheiluammunnan tietopäiväkirja

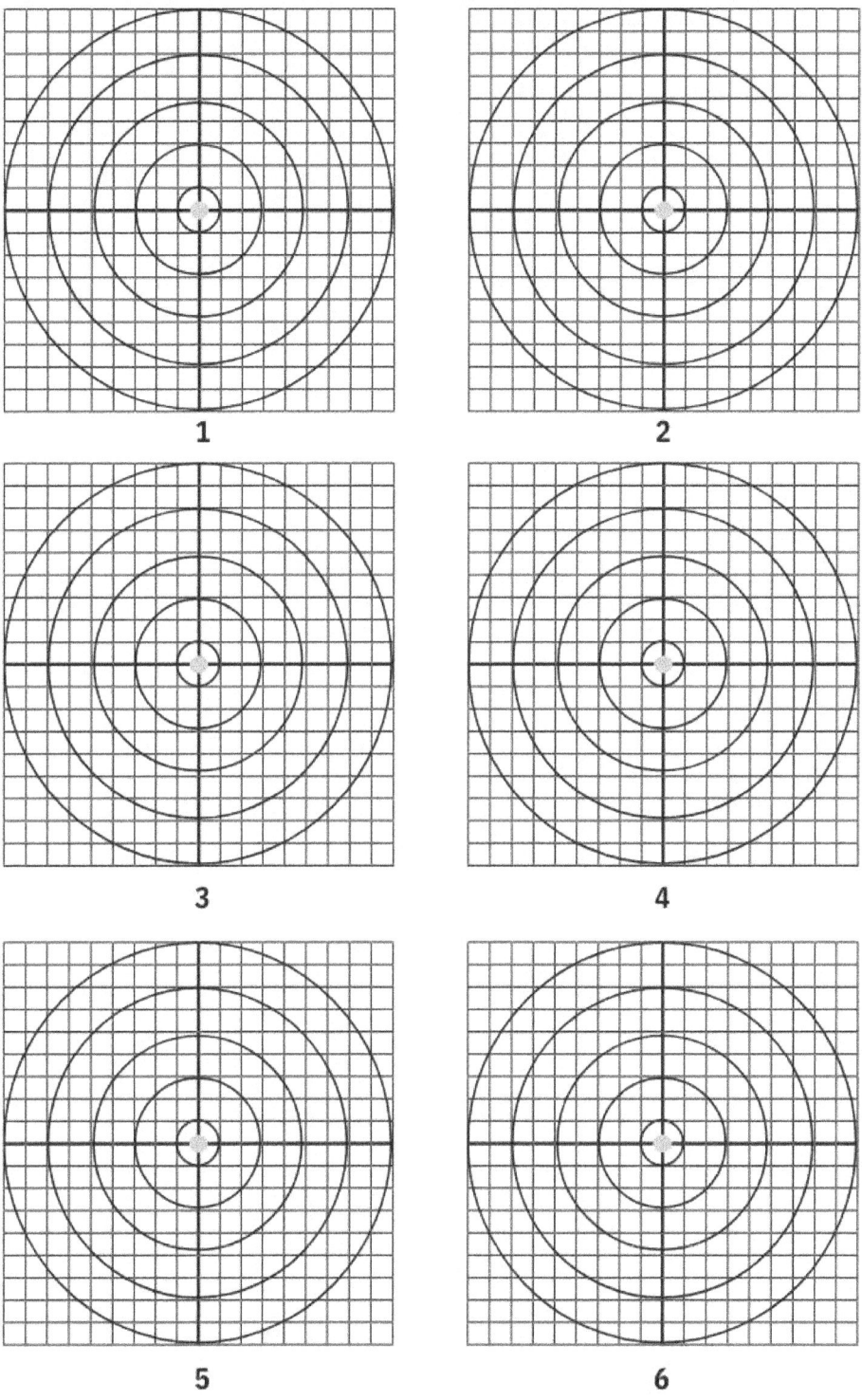

Täydellinen lahjaidea aloittelijoille ja ammattilaisille

Urheiluammunnan tietopäiväkirja

📅 Päivämäärä: _____   🕐 Aika: _____

📍 Sijainti: _____

Sääolosuhteet

☀️ ⛅ 🌥️ 🌦️ 🌧️ 🌨️ 🚩 🌡️
☐   ☐   ☐   ☐   ☐   ☐   ___ ___

Tuliase:	
Luoti:	Istuimen syvyys:
Jauhe:	Jyvät:
Pohjuste:	
Messinki:	
Etäisyys:	

Yleiset tulokset

☐ Fehno   ☐ Reilu   ☐ Hyvä   ☐ Erinomainen

Lisähuomautukset

_____
_____
_____

☆ ☆ ☆ ☆ ☆

Täydellinen lahjaidea aloittelijoille ja ammattilaisille

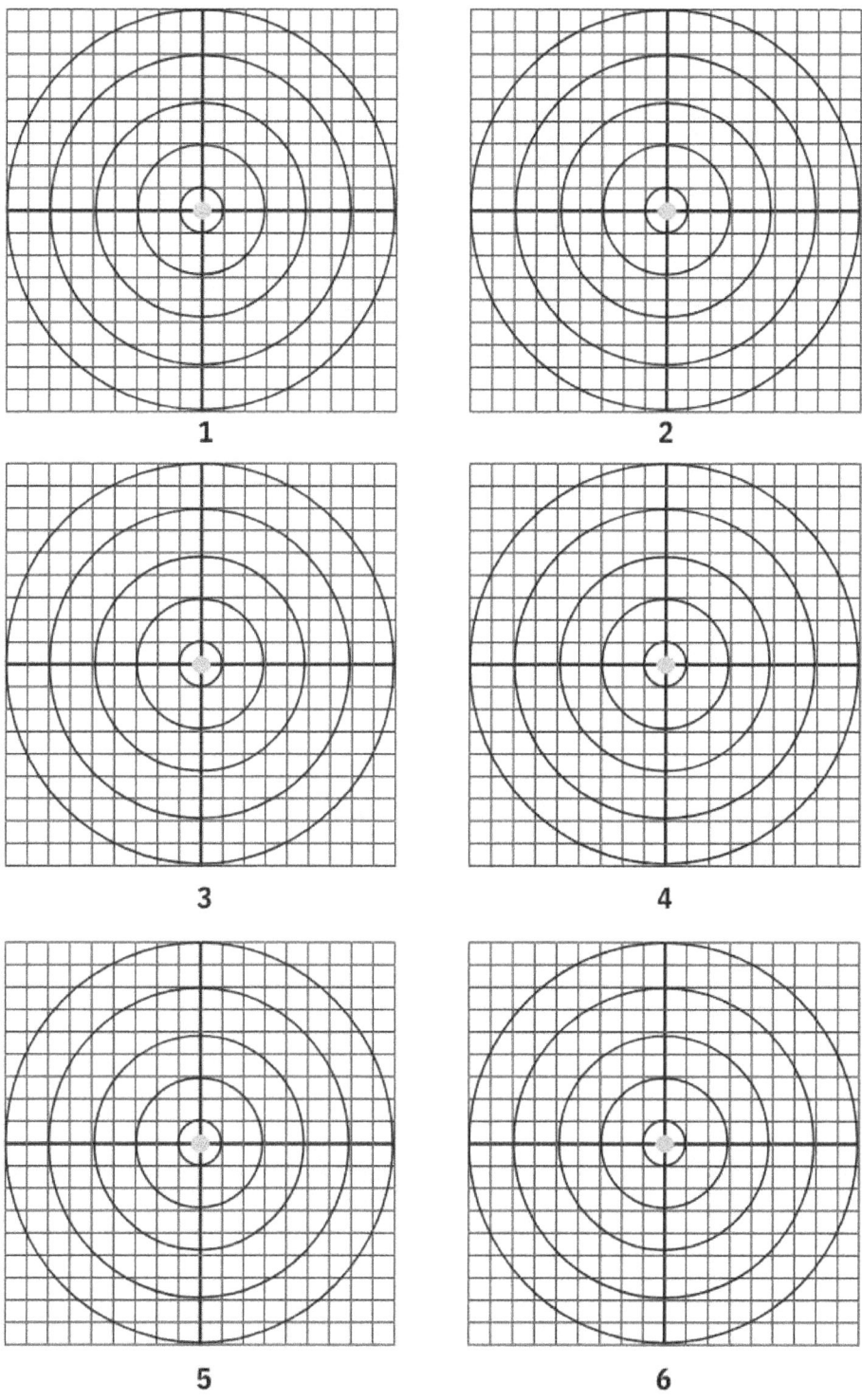

Urheiluammunnan tietopäiväkirja

📅 Päivämäärä:_____   🕐 Aika:_____

📍 Sijainti:_____

Sääolosuhteet

☀️ ⛅ ☁️ 🌦️ 🌧️ 🌨️   🚩_____   🌡️_____
☐ ☐ ☐ ☐ ☐ ☐

Tuliase:	
Luoti:	Istuimen syvyys:
Jauhe:	Jyvät:
Pohjuste:	
Messinki:	
Etäisyys:	

Yleiset tulokset

☐ Fehno   ☐ Reilu   ☐ Hyvä   ☐ Erinomainen

Lisähuomautukset

_____

_____

☆ ☆ ☆ ☆ ☆

Täydellinen lahjaidea aloittelijoille ja ammattilaisille

Urheiluammunnan tietopäiväkirja

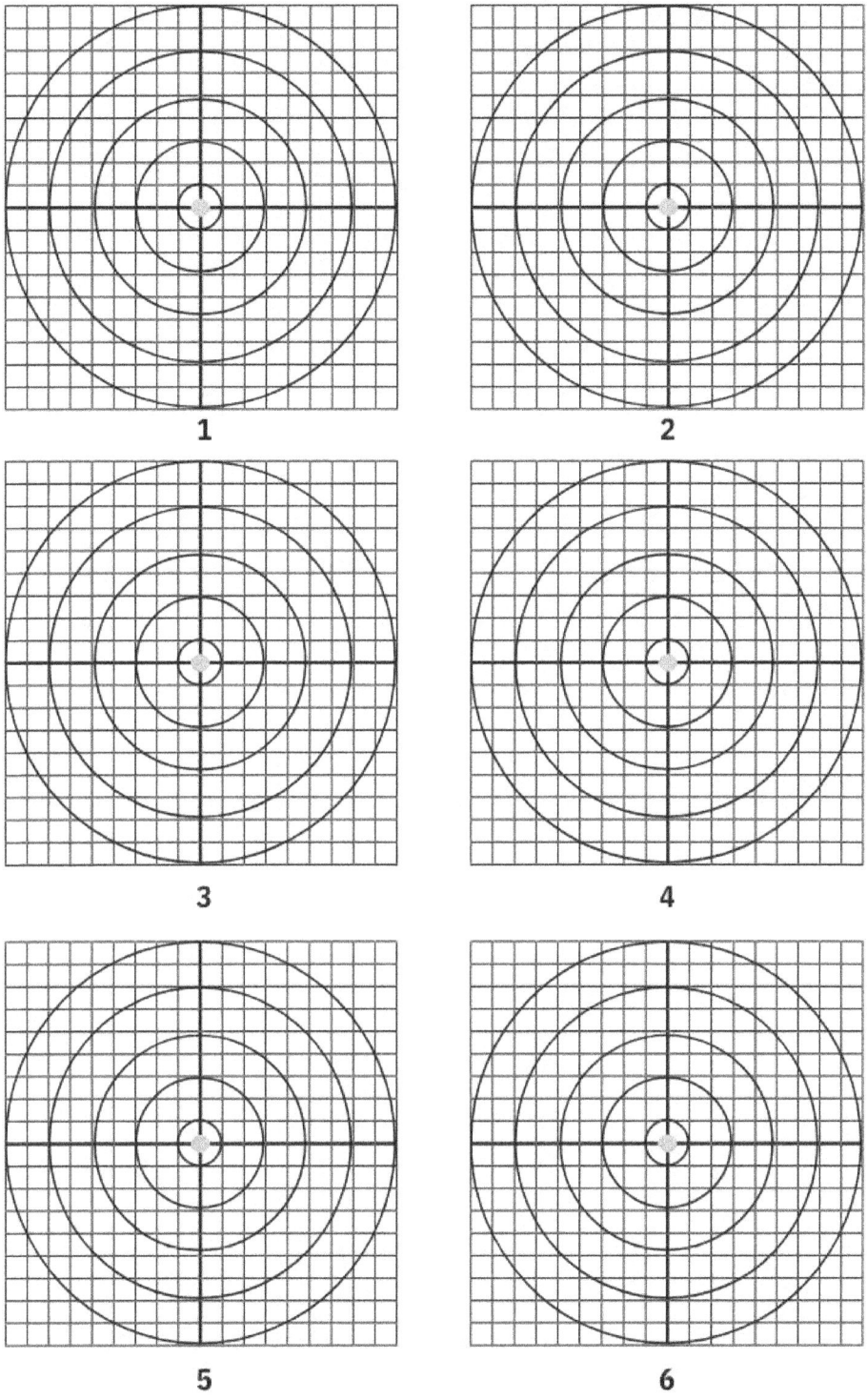

Täydellinen lahjaidea aloittelijoille ja ammattilaisille

Urheiluammunnan tietopäiväkirja

📅 Päivämäärä: _____ 🕐 Aika: _____

📍 Sijainti: _____

Sääolosuhteet

☀️ ⛅ 🌥️ 🌧️ 🌦️ 🌨️ 🚩 🌡️
☐   ☐   ☐   ☐   ☐   ☐   ___   ___

Tuliase:	
Luoti:	Istuimen syvyys:
Jauhe:	Jyvät:
Pohjuste:	
Messinki:	
Etäisyys:	

Yleiset tulokset

☐ Fehno   ☐ Reilu   ☐ Hyvä   ☐ Erinomainen

Lisähuomautukset

_____
_____
_____

☆ ☆ ☆ ☆ ☆

Täydellinen lahjaidea aloittelijoille ja ammattilaisille

Urheiluammunnan tietopäiväkirja

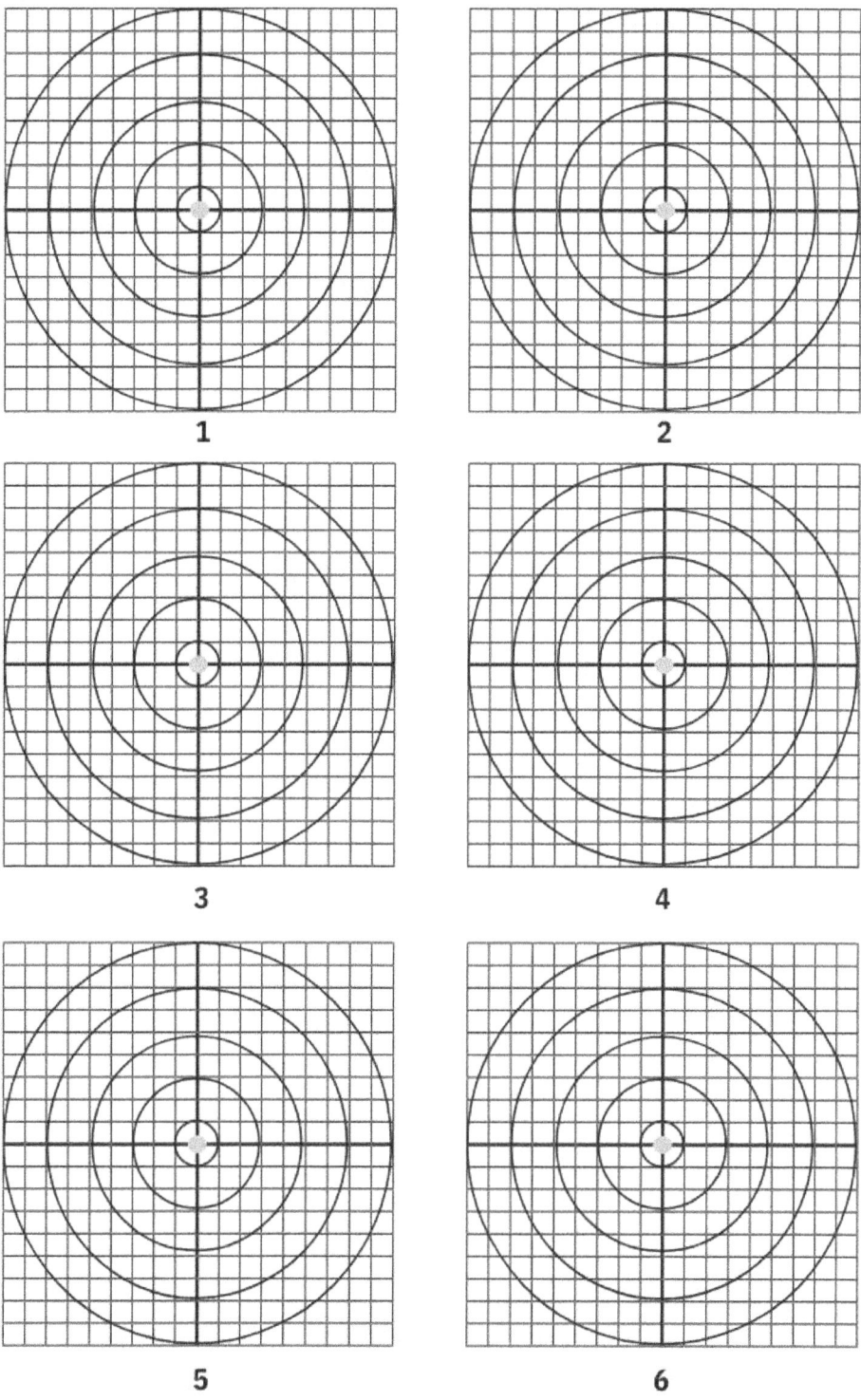

Täydellinen lahjaidea aloittelijoille ja ammattilaisille

Urheiluammunnan tietopäiväkirja

📅 Päivämäärä:_____ 🕐 Aika: _____

📍 Sijainti: _____

Sääolosuhteet

☀️ ☁️ 🌤️ 🌧️ 🌦️ 🌨️ 🚩 🌡️
☐ ☐ ☐ ☐ ☐ ☐

Tuliase:	
Luoti:	Istuimen syvyys:
Jauhe:	Jyvät:
Pohjuste:	
Messinki:	
Etäisyys:	

Yleiset tulokset

☐ Fehno   ☐ Reilu   ☐ Hyvä   ☐ Erinomainen

Lisähuomautukset

_____
_____
_____

☆ ☆ ☆ ☆ ☆

Täydellinen lahjaidea aloittelijoille ja ammattilaisille

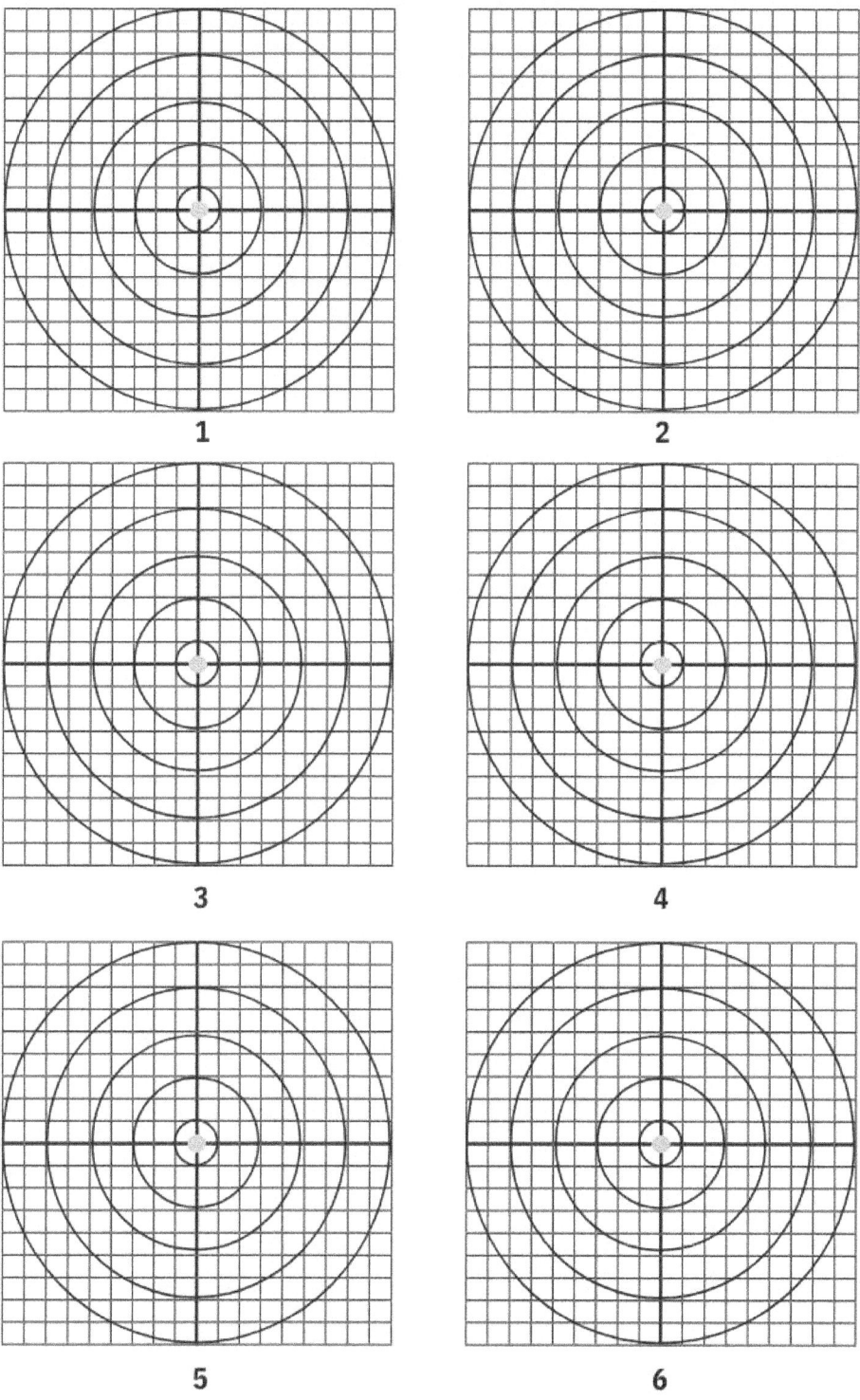

Urheiluammunnan tietopäiväkirja

📅 Päivämäärä: _____ 🕐 Aika: _____

📍 Sijainti: _____

Sääolosuhteet

☀️ ⛅ 🌥️ 🌧️ 🌦️ 🌨️ 🚩 🌡️
☐ ☐ ☐ ☐ ☐ ☐ ___ ___

Tuliase:	
Luoti:	Istuimen syvyys:
Jauhe:	Jyvät:
Pohjuste:	
Messinki:	
Etäisyys:	

Yleiset tulokset

☐ Fehno   ☐ Reilu   ☐ Hyvä   ☐ Erinomainen

Lisähuomautukset

_____
_____
_____

☆ ☆ ☆ ☆ ☆

Täydellinen lahjaidea aloittelijoille ja ammattilaisille

Urheiluammunnan tietopäiväkirja

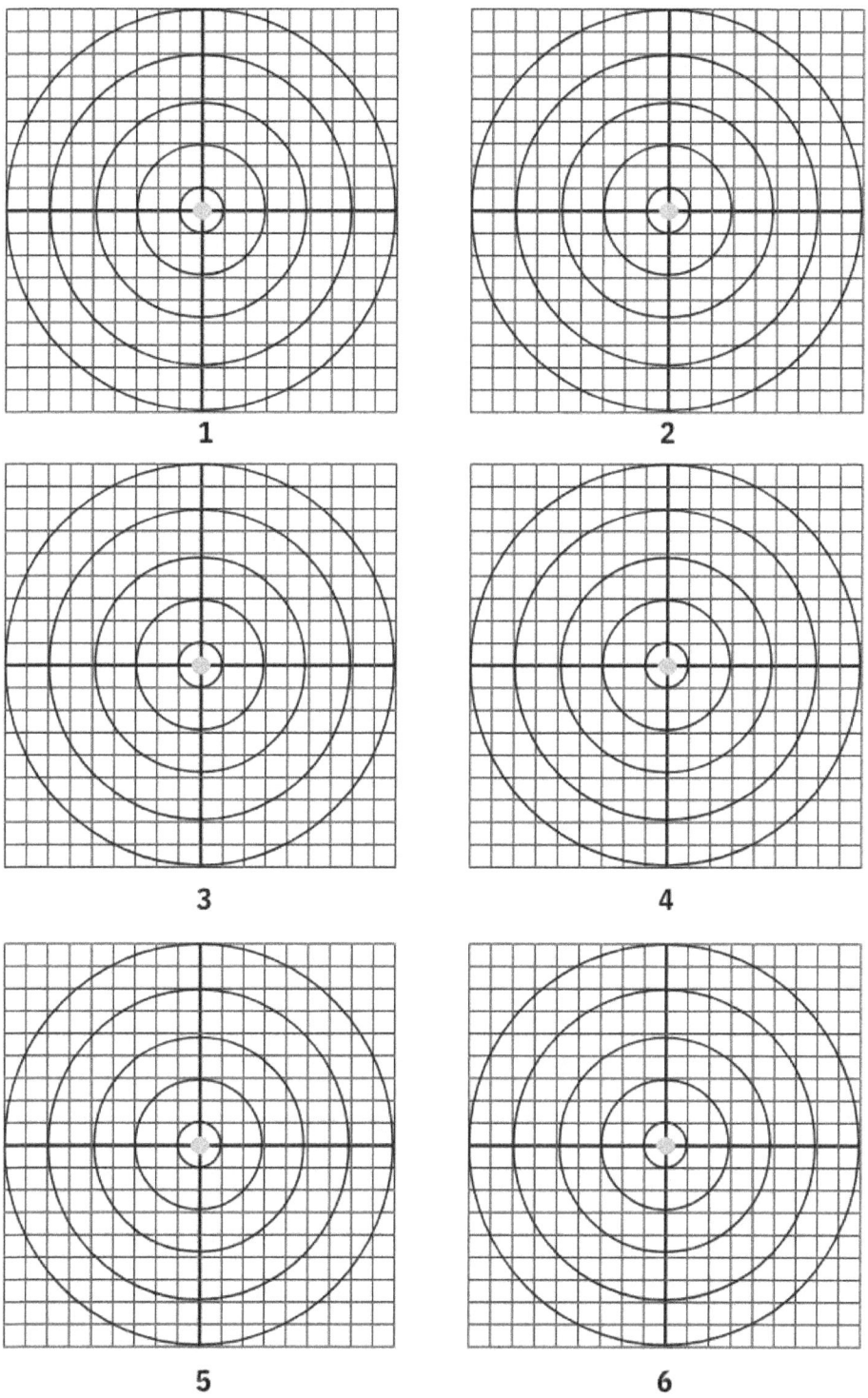

Täydellinen lahjaidea aloittelijoille ja ammattilaisille

Urheiluammunnan tietopäiväkirja

📅 Päivämäärä: _____ 🕐 Aika: _____

📍 Sijainti: _____

Sääolosuhteet

☀️ ⛅ ☁️ 🌧️ 🌦️ 🌨️ 🚩 🌡️
☐ ☐ ☐ ☐ ☐ ☐ ___ ___

Tuliase:	
Luoti:	Istuimen syvyys:
Jauhe:	Jyvät:
Pohjuste:	
Messinki:	
Etäisyys:	

Yleiset tulokset

☐ Fehno   ☐ Reilu   ☐ Hyvä   ☐ Erinomainen

Lisähuomautukset

_____
_____
_____

Täydellinen lahjaidea aloittelijoille ja ammattilaisille

Urheiluammunnan tietopäiväkirja

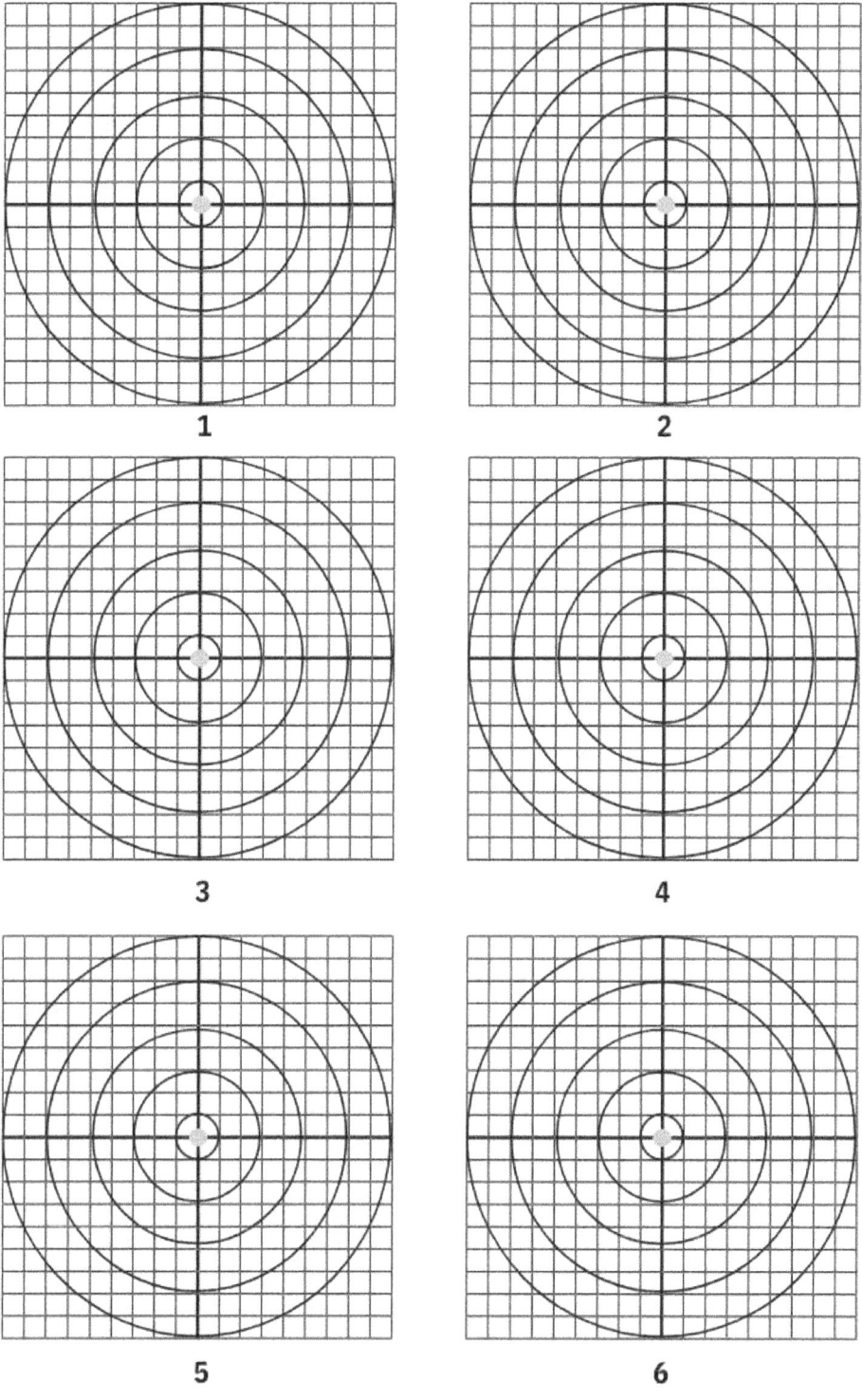

Täydellinen lahjaidea aloittelijoille ja ammattilaisille

Urheiluammunnan tietopäiväkirja

📅 Päivämäärä: _____ 🕐 Aika: _____

📍 Sijainti: _____

Sääolosuhteet

☀️ ⛅ 🌥️ 🌦️ 🌧️ 🌨️ 🚩____ 🌡️____
☐   ☐   ☐   ☐   ☐   ☐

Tuliase:	
Luoti:	Istuimen syvyys:
Jauhe:	Jyvät:
Pohjuste:	
Messinki:	
Etäisyys:	

Yleiset tulokset

☐ Fehno   ☐ Reilu   ☐ Hyvä   ☐ Erinomainen

Lisähuomautukset

_____

_____

_____

☆ ☆ ☆ ☆ ☆

Täydellinen lahjaidea aloittelijoille ja ammattilaisille

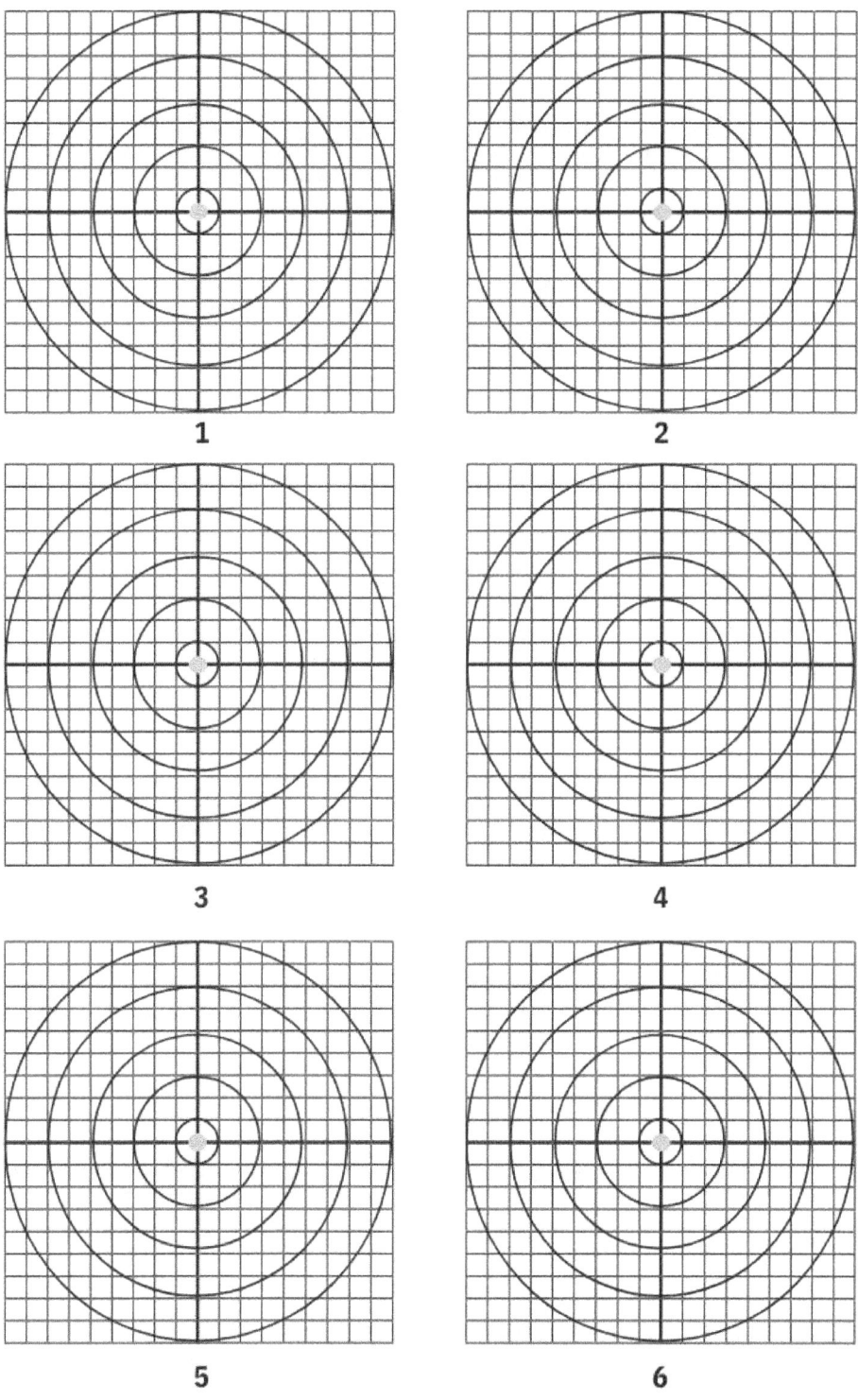

Urheiluammunnan tietopäiväkirja

📅 Päivämäärä: _____   🕐 Aika: _____

📍 Sijainti: _____

Sääolosuhteet

☀️ ⛅ 🌤️ 🌧️ 🌦️ 🌨️ 🚩____ 🌡️____

☐ ☐ ☐ ☐ ☐ ☐

Tuliase:	
Luoti:	Istuimen syvyys:
Jauhe:	Jyvät:
Pohjuste:	
Messinki:	
Etäisyys:	

Yleiset tulokset

☐ Fehno   ☐ Reilu   ☐ Hyvä   ☐ Erinomainen

Lisähuomautukset

_____

_____

_____

☆ ☆ ☆ ☆ ☆

Täydellinen lahjaidea aloittelijoille ja ammattilaisille

Urheiluammunnan tietopäiväkirja

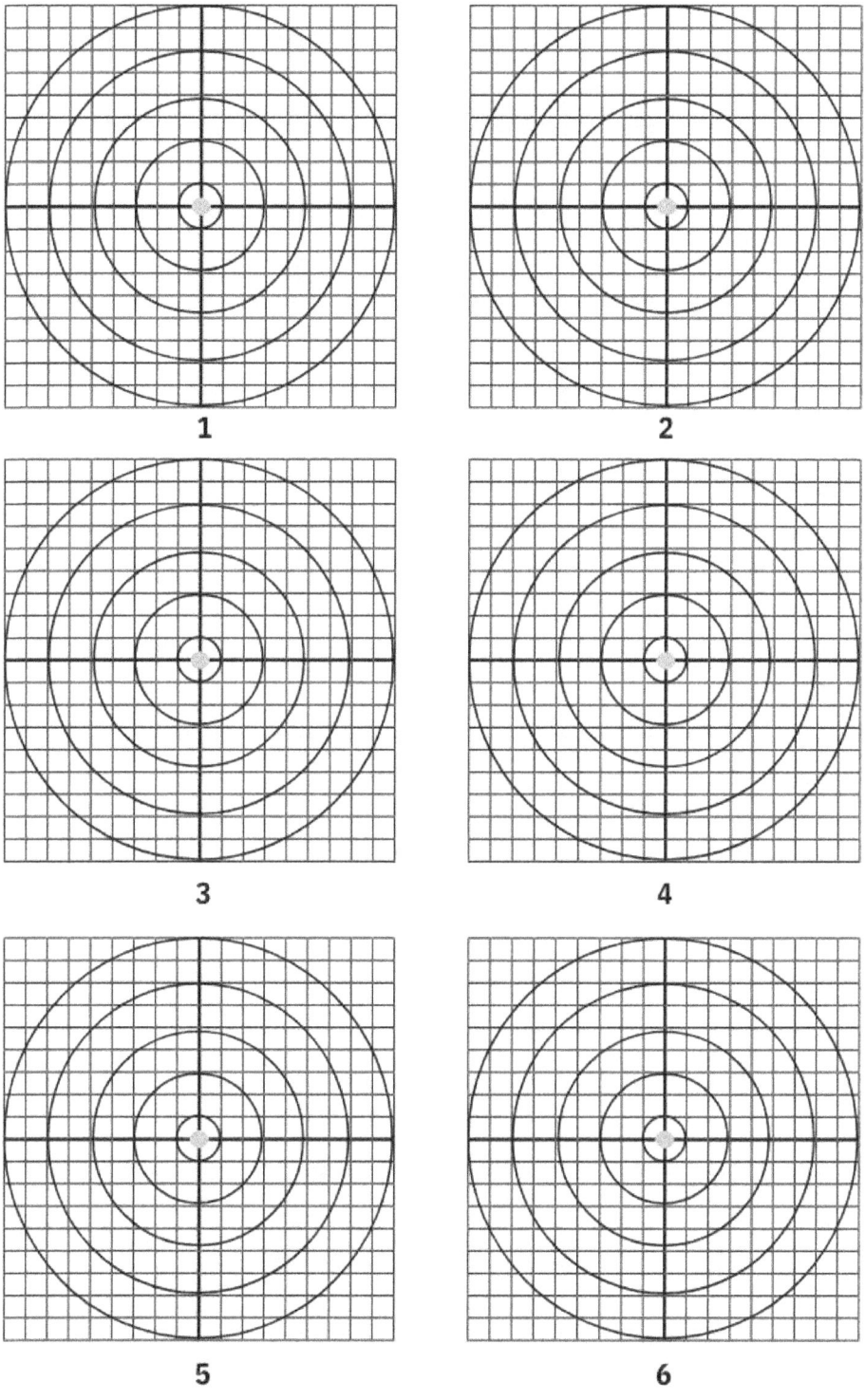

Täydellinen lahjaidea aloittelijoille ja ammattilaisille

Urheiluammunnan tietopäiväkirja

📅 Päivämäärä: _____ 🕐 Aika: _____

📍 Sijainti: _____

Sääolosuhteet

☀️ ⛅ 🌥️ 🌦️ 🌧️ 🌨️ 🚩 🌡️
☐ ☐ ☐ ☐ ☐ ☐ ____ ____

Tuliase:	
Luoti:	Istuimen syvyys:
Jauhe:	Jyvät:
Pohjuste:	
Messinki:	
Etäisyys:	

Yleiset tulokset

☐ Fehno ☐ Reilu ☐ Hyvä ☐ Erinomainen

Lisähuomautukset

_____
_____
_____

☆ ☆ ☆ ☆ ☆

Täydellinen lahjaidea aloittelijoille ja ammattilaisille

Urheiluammunnan tietopäiväkirja

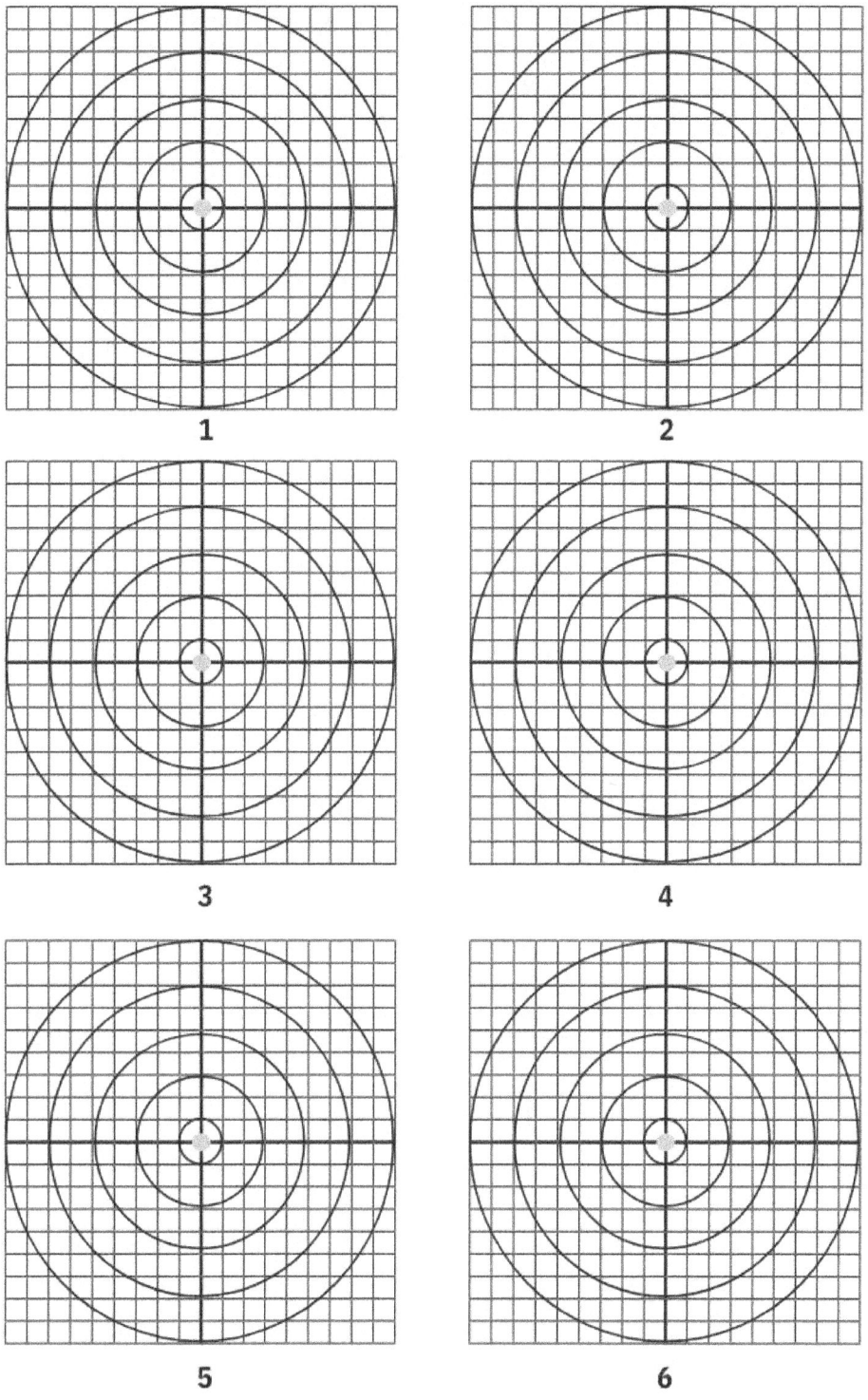

Täydellinen lahjaidea aloittelijoille ja ammattilaisille

Urheiluammunnan tietopäiväkirja

📅 Päivämäärä: _____ 🕐 Aika: _____

📍 Sijainti: _____

Sääolosuhteet

☀️ ⛅ 🌤️ 🌧️ 🌧️ 🌨️ 🚩 _____ 🌡️ _____
☐   ☐   ☐   ☐   ☐   ☐

Tuliase:	
Luoti:	Istuimen syvyys:
Jauhe:	Jyvät:
Pohjuste:	
Messinki:	
Etäisyys:	

Yleiset tulokset

☐ Fehno   ☐ Reilu   ☐ Hyvä   ☐ Erinomainen

Lisähuomautukset

_____

_____

_____

☆ ☆ ☆ ☆ ☆

Täydellinen lahjaidea aloittelijoille ja ammattilaisille

Urheiluammunnan tietopäiväkirja

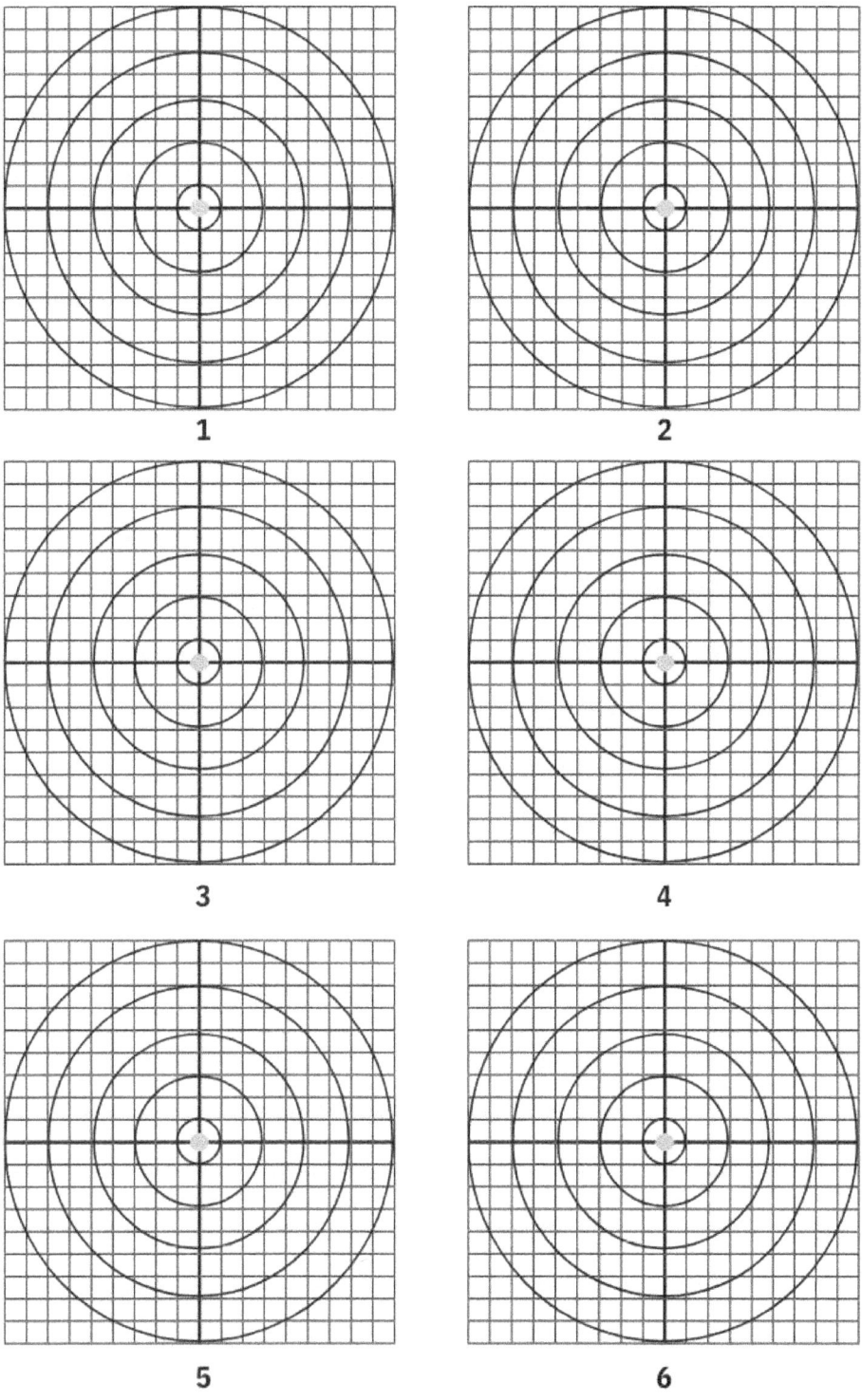

Täydellinen lahjaidea aloittelijoille ja ammattilaisille

Urheiluammunnan tietopäiväkirja

📅 Päivämäärä: _____ 🕐 Aika: _____

📍 Sijainti: _____

Sääolosuhteet

☀️ ☁️ ⛅ 🌧️ 🌦️ 🌨️ 🚩____ 🌡️____
☐ ☐ ☐ ☐ ☐ ☐

Tuliase:	
Luoti:	Istuimen syvyys:
Jauhe:	Jyvät:
Pohjuste:	
Messinki:	
Etäisyys:	

Yleiset tulokset

☐ Fehno   ☐ Reilu   ☐ Hyvä   ☐ Erinomainen

Lisähuomautukset

_____
_____
_____

☆ ☆ ☆ ☆ ☆

Täydellinen lahjaidea aloittelijoille ja ammattilaisille

Urheiluammunnan tietopäiväkirja

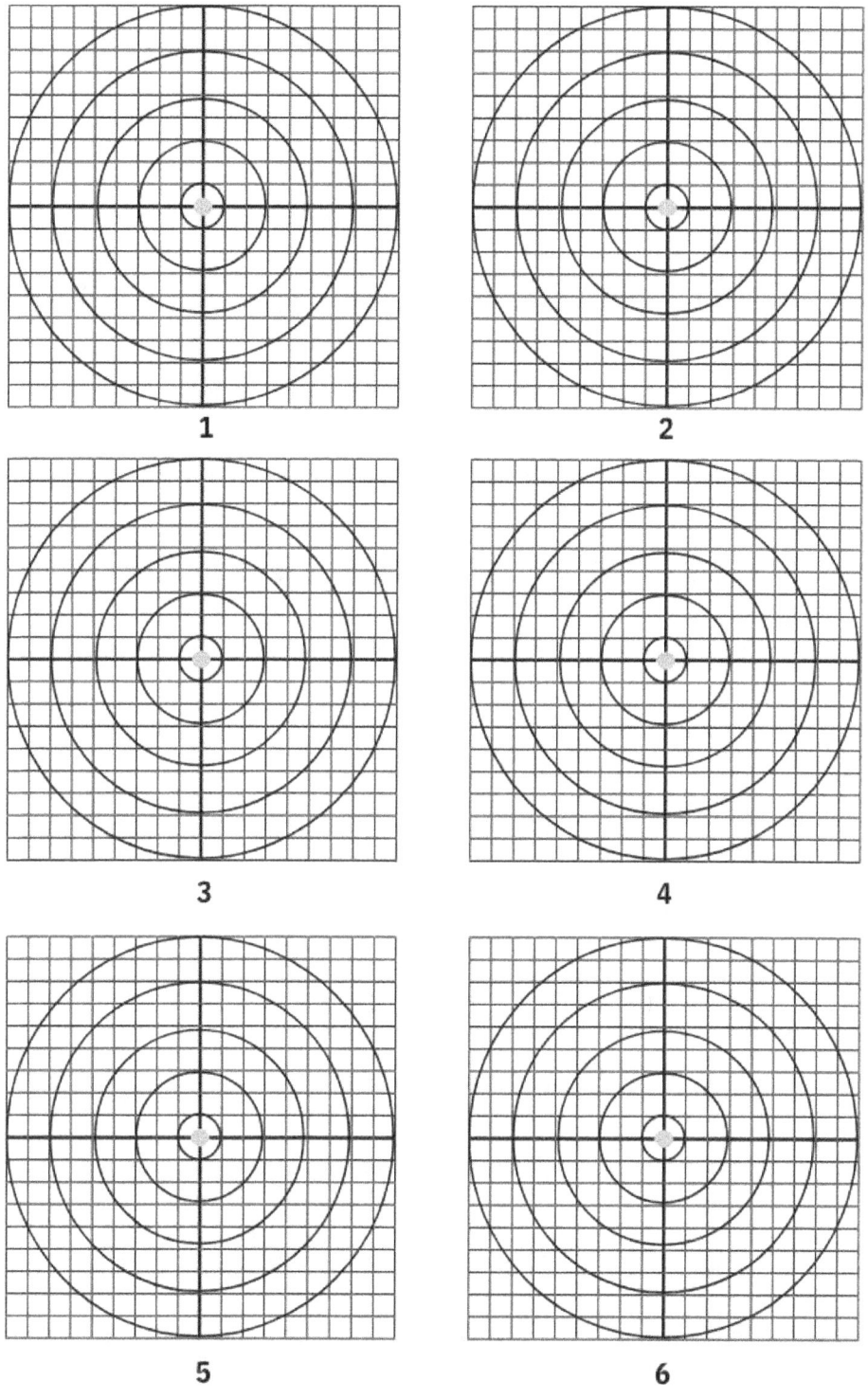

Täydellinen lahjaidea aloittelijoille ja ammattilaisille

Urheiluammunnan tietopäiväkirja

📅 Päivämäärä: _____ 🕐 Aika: _____

📍 Sijainti: _____

Sääolosuhteet

☀️ ☁️ 🌥️ 🌧️ 🌦️ 🌨️ 🚩 🌡️ _____
☐   ☐   ☐   ☐   ☐   ☐

Tuliase:	
Luoti:	Istuimen syvyys:
Jauhe:	Jyvät:
Pohjuste:	
Messinki:	
Etäisyys:	

Yleiset tulokset

☐ Fehno   ☐ Reilu   ☐ Hyvä   ☐ Erinomainen

Lisähuomautukset

_____
_____
_____

☆ ☆ ☆ ☆ ☆

Täydellinen lahjaidea aloittelijoille ja ammattilaisille

Urheiluammunnan tietopäiväkirja

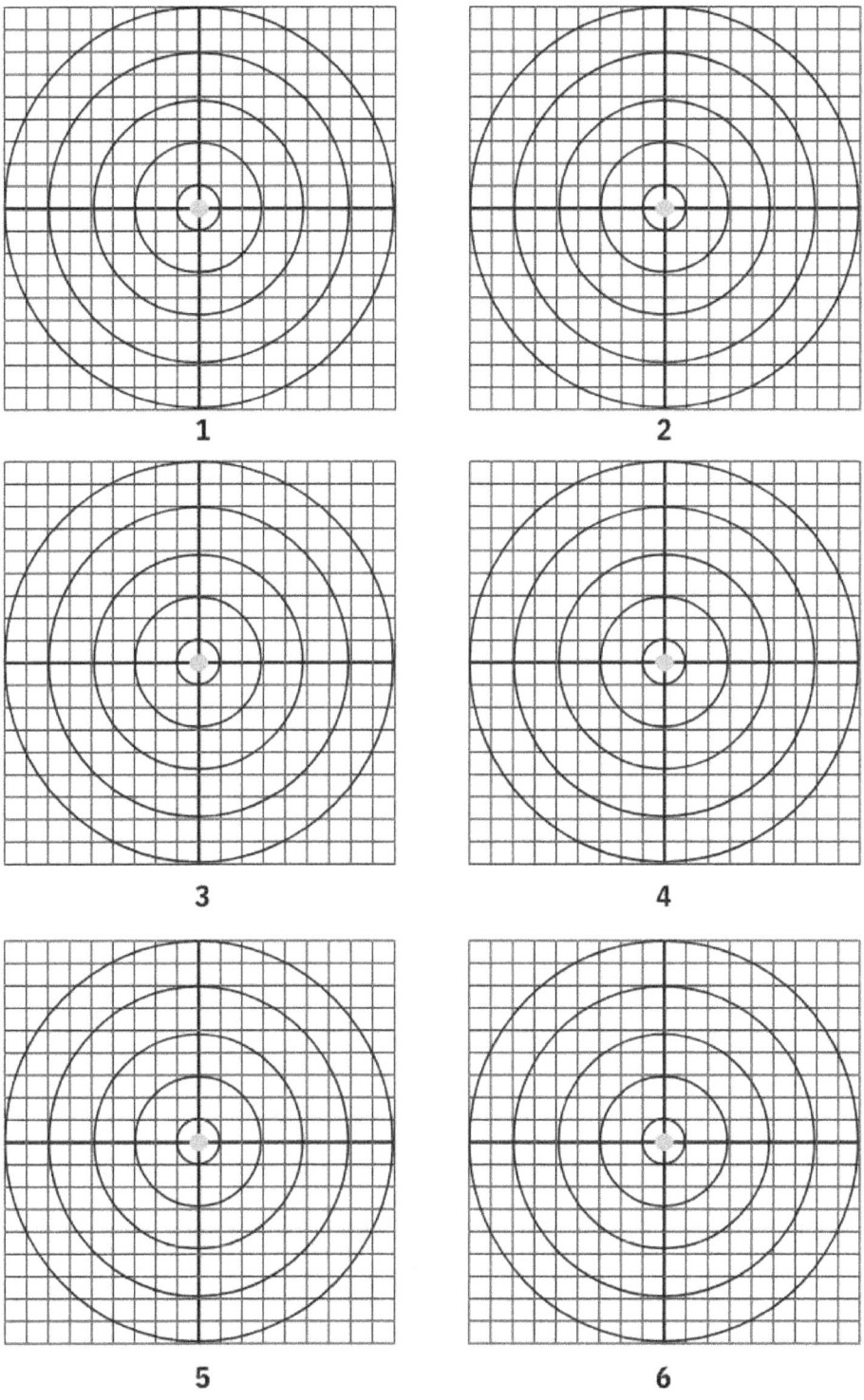

Täydellinen lahjaidea aloittelijoille ja ammattilaisille

Urheiluammunnan tietopäiväkirja

📅 Päivämäärä: _____ 🕐 Aika: _____

📍 Sijainti: _____

Sääolosuhteet

☀️ ⛅ 🌥️ 🌦️ 🌧️ 🌨️ 🚩 🌡️
☐ ☐ ☐ ☐ ☐ ☐ ___ ___

Tuliase:		
Luoti:	Istuimen syvyys:	
Jauhe:	Jyvät:	
Pohjuste:		
Messinki:		
Etäisyys:		

Yleiset tulokset

☐ Fehno   ☐ Reilu   ☐ Hyvä   ☐ Erinomainen

Lisähuomautukset

_____

_____

☆ ☆ ☆ ☆ ☆

Täydellinen lahjaidea aloittelijoille ja ammattilaisille

Urheiluammunnan tietopäiväkirja

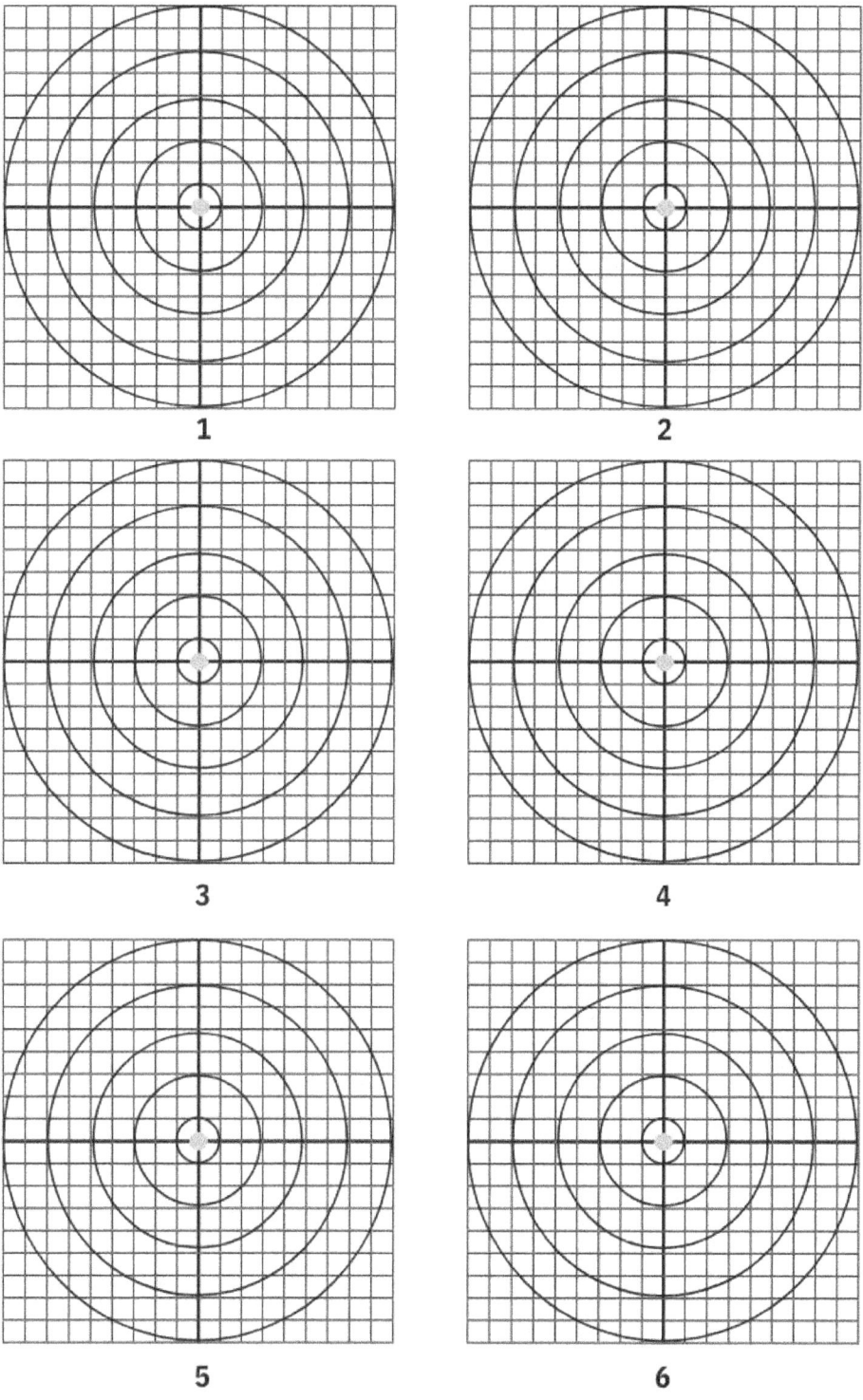

Täydellinen lahjaidea aloittelijoille ja ammattilaisille

Urheiluammunnan tietopäiväkirja

📅 Päivämäärä: _____ 🕐 Aika: _____

📍 Sijainti: _____

Sääolosuhteet

☀️ ⛅ 🌥️ 🌧️ 🌨️ 🌦️ 🚩_____ 🌡️_____
☐ ☐ ☐ ☐ ☐ ☐

Tuliase:	
Luoti:	Istuimen syvyys:
Jauhe:	Jyvät:
Pohjuste:	
Messinki:	
Etäisyys:	

Yleiset tulokset

☐ Fehno   ☐ Reilu   ☐ Hyvä   ☐ Erinomainen

Lisähuomautukset

_____
_____
_____

☆ ☆ ☆ ☆ ☆

Täydellinen lahjaidea aloittelijoille ja ammattilaisille

Urheiluammunnan tietopäiväkirja

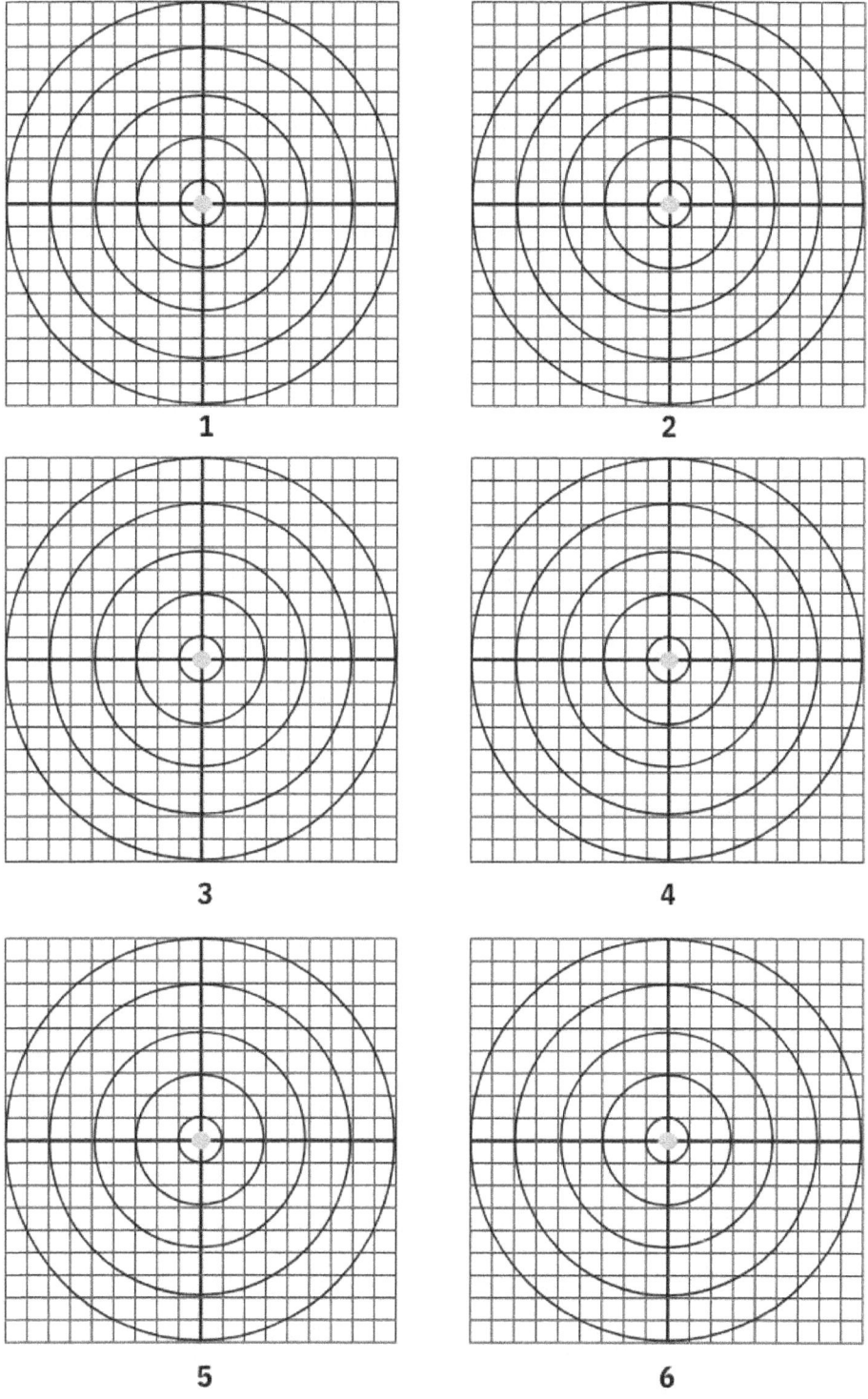

Täydellinen lahjaidea aloittelijoille ja ammattilaisille

Urheiluammunnan tietopäiväkirja

📅 Päivämäärä: _____ 🕐 Aika: _____

📍 Sijainti: _____

Sääolosuhteet

☀️ ⛅ 🌤️ 🌦️ 🌧️ 🌨️ 🚩 🌡️
☐ ☐ ☐ ☐ ☐ ☐ ___ ___

Tuliase:	
Luoti:	Istuimen syvyys:
Jauhe:	Jyvät:
Pohjuste:	
Messinki:	
Etäisyys:	

Yleiset tulokset

☐ Fehno   ☐ Reilu   ☐ Hyvä   ☐ Erinomainen

Lisähuomautukset

_____
_____
_____

☆ ☆ ☆ ☆ ☆

Täydellinen lahjaidea aloittelijoille ja ammattilaisille

Urheiluammunnan tietopäiväkirja

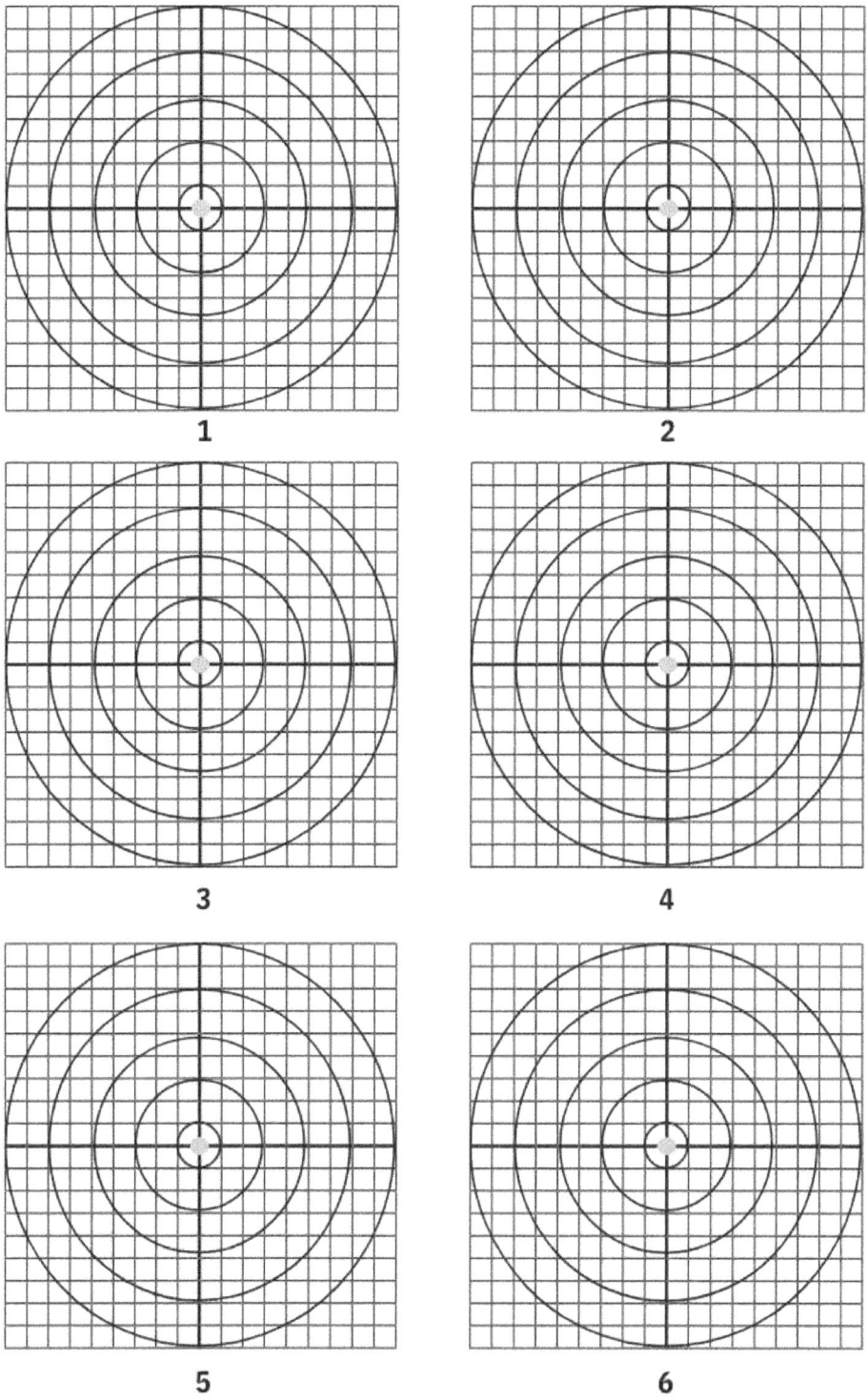

Täydellinen lahjaidea aloittelijoille ja ammattilaisille

Urheiluammunnan tietopäiväkirja

📅 Päivämäärä: _____ 🕐 Aika: _____

📍 Sijainti: _____

Sääolosuhteet

☀️ ⛅ 🌥️ 🌦️ 🌧️ 🌨️ 🚩 🌡️
☐　☐　☐　☐　☐　☐　___　___

Tuliase:	
Luoti:	Istuimen syvyys:
Jauhe:	Jyvät:
Pohjuste:	
Messinki:	
Etäisyys:	

Yleiset tulokset

☐ Fehno   ☐ Reilu   ☐ Hyvä   ☐ Erinomainen

Lisähuomautukset

_____

_____

_____

☆ ☆ ☆ ☆ ☆

Täydellinen lahjaidea aloittelijoille ja ammattilaisille

Urheiluammunnan tietopäiväkirja

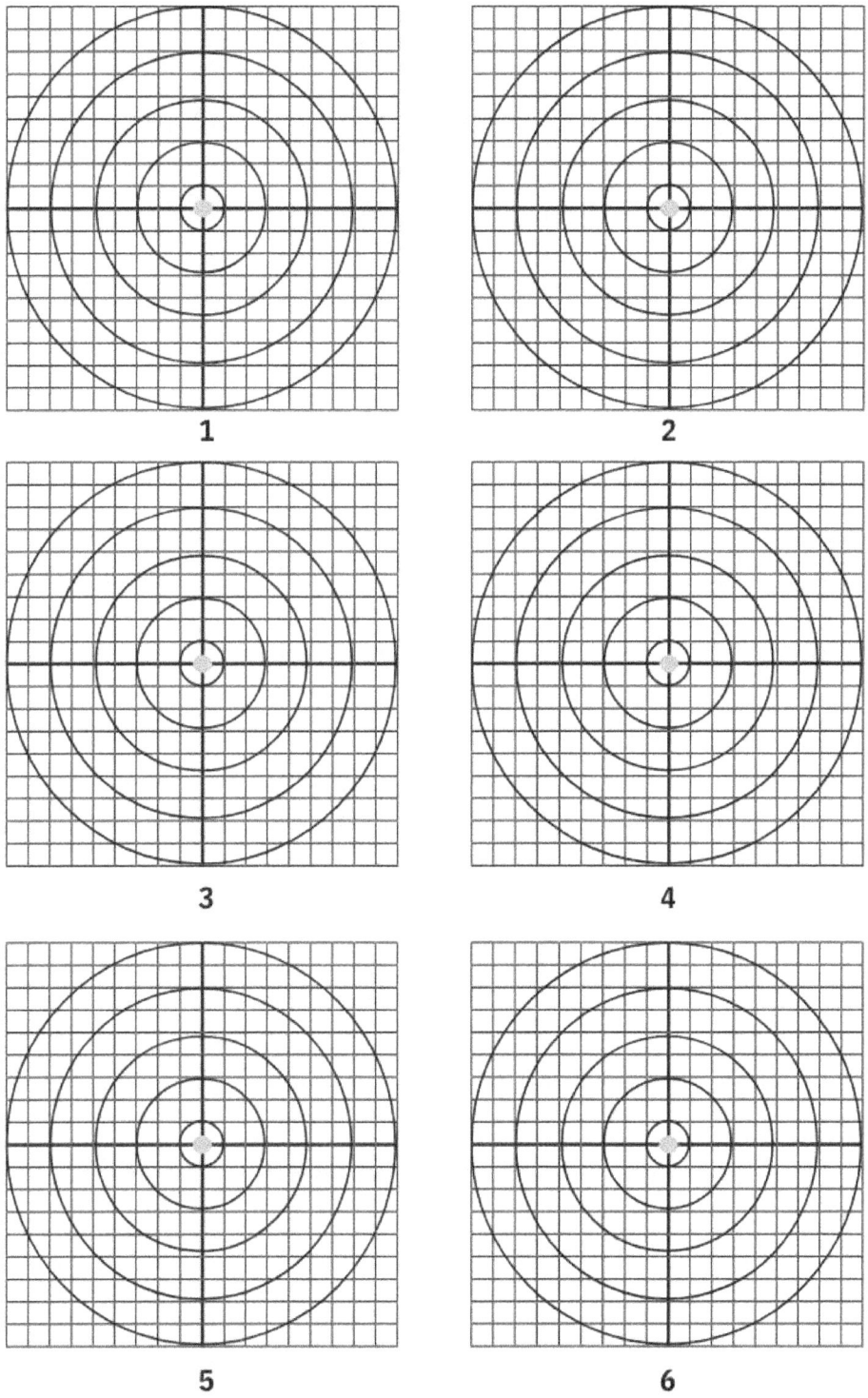

Täydellinen lahjaidea aloittelijoille ja ammattilaisille

Urheiluammunnan tietopäiväkirja

📅 Päivämäärä: _____   🕐 Aika: _____

📍 Sijainti: _____

Sääolosuhteet

☀️ ☁️ ⛅ 🌧️ 🌧️ 🌨️ 🚩 🌡️
☐ ☐ ☐ ☐ ☐ ☐ ___ ___

Tuliase:	
Luoti:	Istuimen syvyys:
Jauhe:	Jyvät:
Pohjuste:	
Messinki:	
Etäisyys:	

Yleiset tulokset

☐ Fehno   ☐ Reilu   ☐ Hyvä   ☐ Erinomainen

Lisähuomautukset

_____
_____
_____

☆ ☆ ☆ ☆ ☆

Täydellinen lahjaidea aloittelijoille ja ammattilaisille

Urheiluammunnan tietopäiväkirja

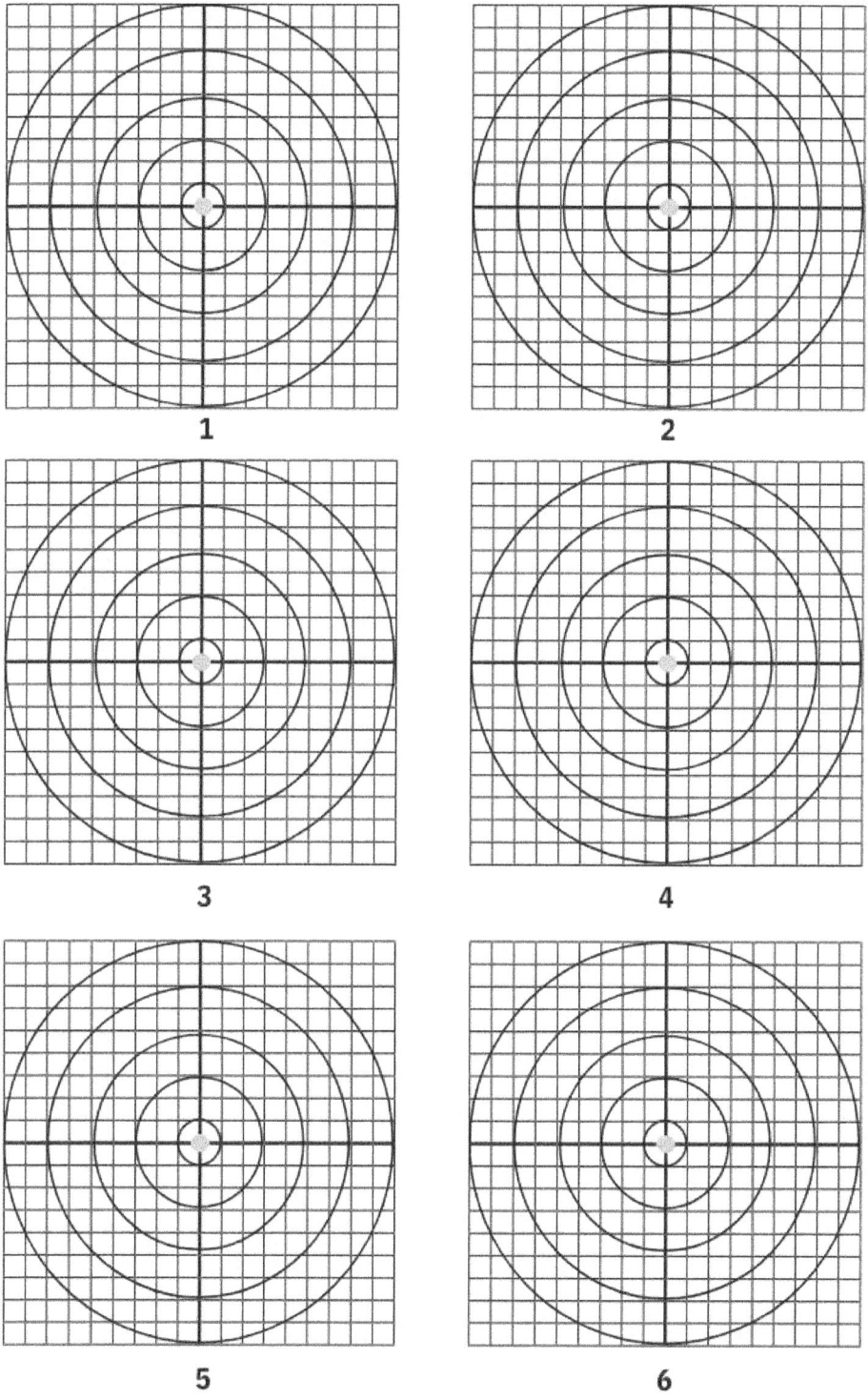

Täydellinen lahjaidea aloittelijoille ja ammattilaisille

Urheiluammunnan tietopäiväkirja

📅 Päivämäärä: _____   🕐 Aika: _____

📍 Sijainti: _____

Sääolosuhteet

☀️ ⛅ 🌥️ 🌧️ 🌦️ 🌨️ 🚩 🌡️
☐　☐　☐　☐　☐　☐　___　___

Tuliase:	
Luoti:	Istuimen syvyys:
Jauhe:	Jyvät:
Pohjuste:	
Messinki:	
Etäisyys:	

Yleiset tulokset

☐ Fehno   ☐ Reilu   ☐ Hyvä   ☐ Erinomainen

Lisähuomautukset

_____

_____

_____

Täydellinen lahjaidea aloittelijoille ja ammattilaisille

Urheiluammunnan tietopäiväkirja

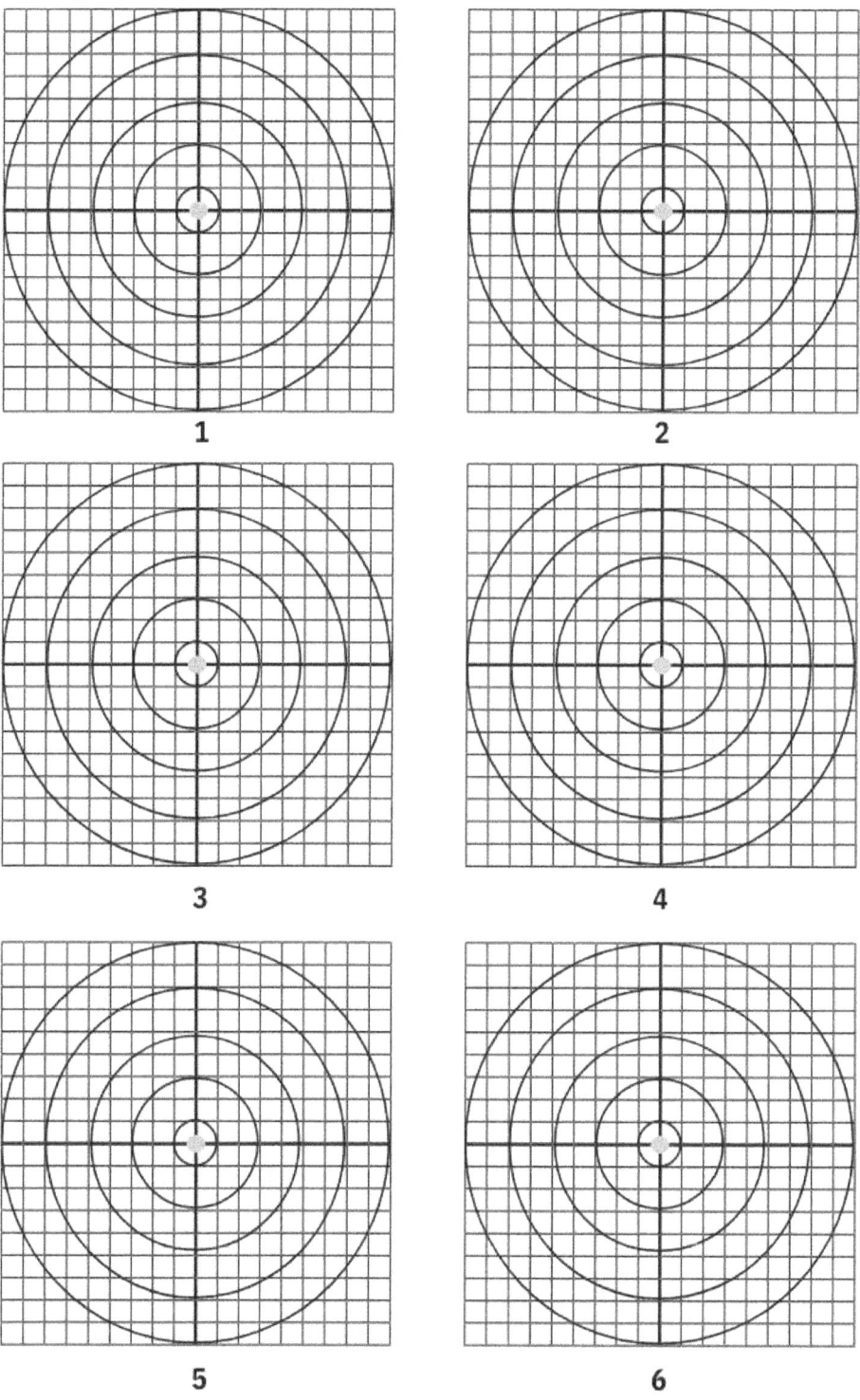

Täydellinen lahjaidea aloittelijoille ja ammattilaisille

Urheiluammunnan tietopäiväkirja

📅 Päivämäärä: _____ 🕐 Aika: _____

📍 Sijainti: _____

Sääolosuhteet

☀️ ⛅ 🌥️ 🌦️ 🌧️ 🌨️ 🚩_____ 🌡️_____
☐ ☐ ☐ ☐ ☐ ☐

Tuliase:	
Luoti:	Istuimen syvyys:
Jauhe:	Jyvät:
Pohjuste:	
Messinki:	
Etäisyys:	

Yleiset tulokset

☐ Fehno   ☐ Reilu   ☐ Hyvä   ☐ Erinomainen

Lisähuomautukset

_____

_____

_____

☆ ☆ ☆ ☆ ☆

Täydellinen lahjaidea aloittelijoille ja ammattilaisille

Urheiluammunnan tietopäiväkirja

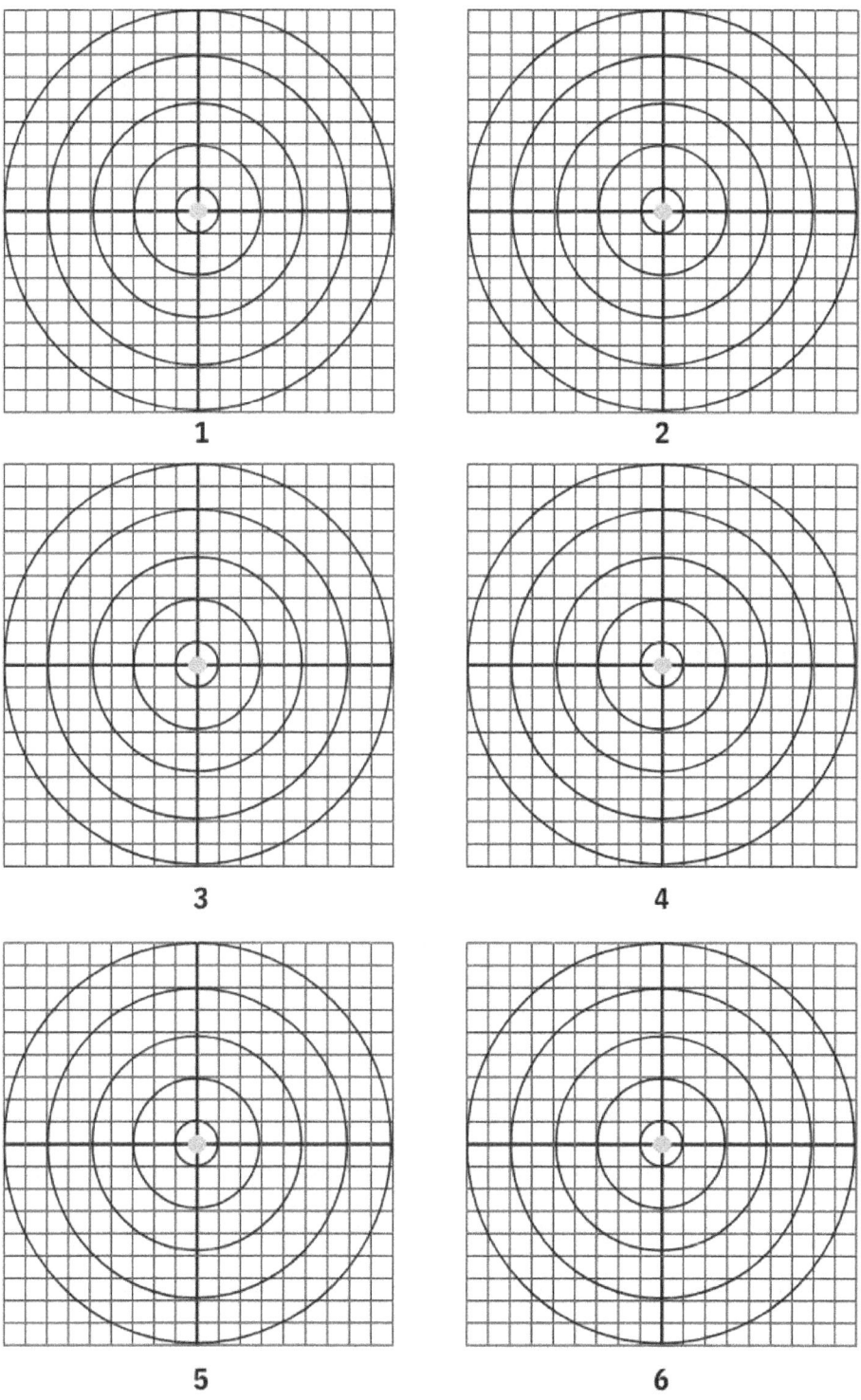

Täydellinen lahjaidea aloittelijoille ja ammattilaisille

Urheiluammunnan tietopäiväkirja

📅 Päivämäärä: _____ 🕐 Aika: _____

📍 Sijainti: _____

Sääolosuhteet

☀ ☁ ⛅ 🌧 🌧 🌨 🚩 🌡
☐ ☐ ☐ ☐ ☐ ☐   _____

Tuliase:	
Luoti:	Istuimen syvyys:
Jauhe:	Jyvät:
Pohjuste:	
Messinki:	
Etäisyys:	

Yleiset tulokset

☐ Fehno ☐ Reilu ☐ Hyvä ☐ Erinomainen

Lisähuomautukset

_____
_____
_____

☆ ☆ ☆ ☆ ☆

Täydellinen lahjaidea aloittelijoille ja ammattilaisille

Urheiluammunnan tietopäiväkirja

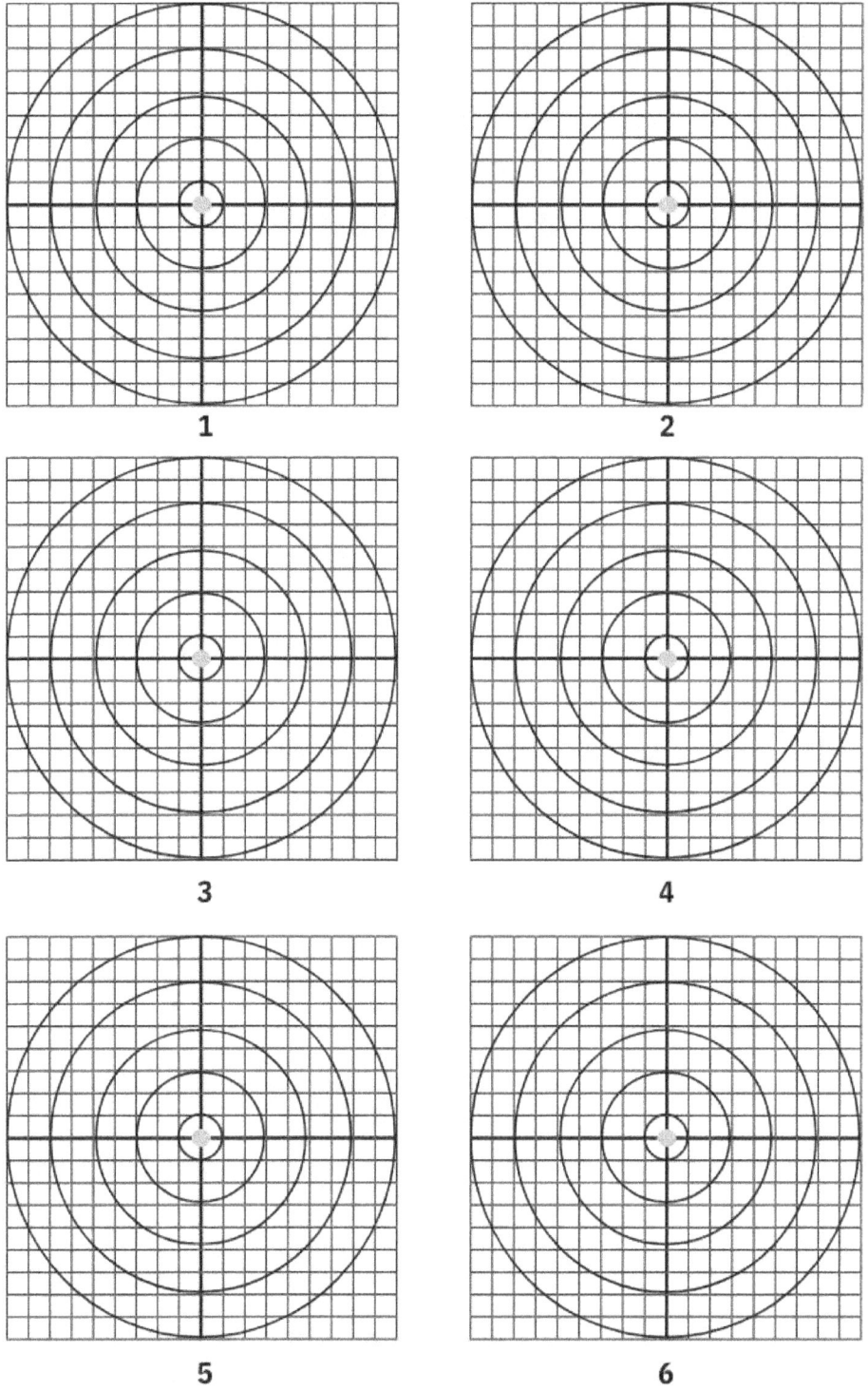

Täydellinen lahjaidea aloittelijoille ja ammattilaisille

Urheiluammunnan tietopäiväkirja

📅 Päivämäärä: _____   🕐 Aika: _____

📍 Sijainti: _____

Sääolosuhteet

☀️ ⛅ 🌥️ 🌧️ 🌧️ 🌨️ 🚩 🌡️
☐ ☐ ☐ ☐ ☐ ☐ ____ ____

Tuliase:	
Luoti:	Istuimen syvyys:
Jauhe:	Jyvät:
Pohjuste:	
Messinki:	
Etäisyys:	

Yleiset tulokset

☐ Fehno   ☐ Reilu   ☐ Hyvä   ☐ Erinomainen

Lisähuomautukset

_____
_____
_____

☆ ☆ ☆ ☆ ☆

Täydellinen lahjaidea aloittelijoille ja ammattilaisille

Urheiluammunnan tietopäiväkirja

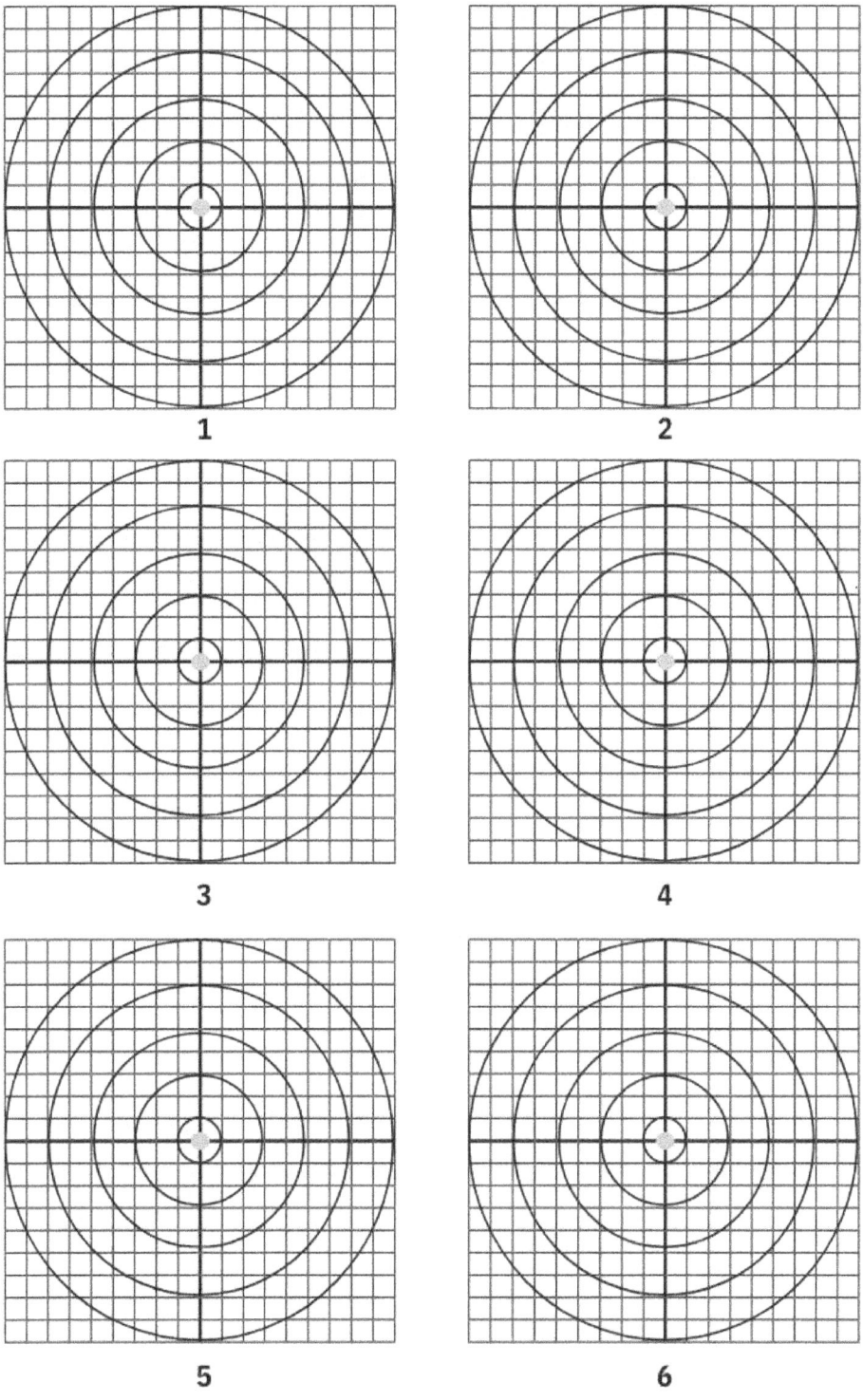

Täydellinen lahjaidea aloittelijoille ja ammattilaisille

Urheiluammunnan tietopäiväkirja

📅 Päivämäärä: _____   🕐 Aika: _____

📍 Sijainti: _____

Sääolosuhteet

☀️ ⛅ 🌤️ 🌧️ 🌦️ 🌨️ 🚩 🌡️
☐   ☐   ☐   ☐   ☐   ☐   ___ ___

Tuliase:	
Luoti:	Istuimen syvyys:
Jauhe:	Jyvät:
Pohjuste:	
Messinki:	
Etäisyys:	

Yleiset tulokset

☐ Fehno ☐ Reilu ☐ Hyvä ☐ Erinomainen

Lisähuomautukset

_____
_____
_____

☆ ☆ ☆ ☆ ☆

Täydellinen lahjaidea aloittelijoille ja ammattilaisille

Urheiluammunnan tietopäiväkirja

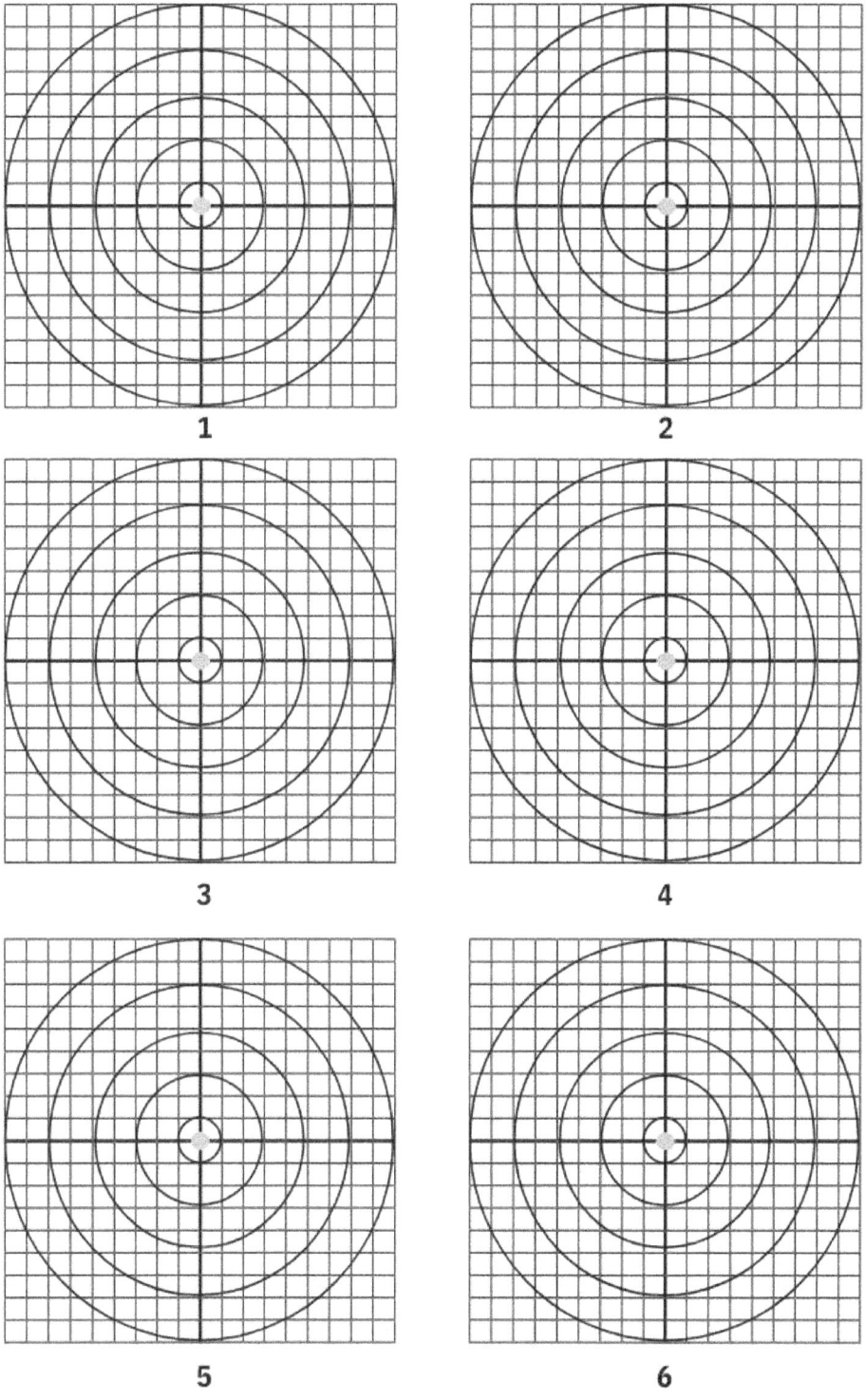

Täydellinen lahjaidea aloittelijoille ja ammattilaisille

Urheiluammunnan tietopäiväkirja

📅 Päivämäärä: _____   🕐 Aika: _____

📍 Sijainti: _____

Sääolosuhteet

☀️ ⛅ ☁️ 🌦️ 🌧️ 🌨️ 🚩 🌡️
☐ ☐ ☐ ☐ ☐ ☐ ___ ___

Tuliase:	
Luoti:	Istuimen syvyys:
Jauhe:	Jyvät:
Pohjuste:	
Messinki:	
Etäisyys:	

Yleiset tulokset

☐ Fehno   ☐ Reilu   ☐ Hyvä   ☐ Erinomainen

Lisähuomautukset

_____

_____

_____

☆ ☆ ☆ ☆ ☆

Täydellinen lahjaidea aloittelijoille ja ammattilaisille

Urheiluammunnan tietopäiväkirja

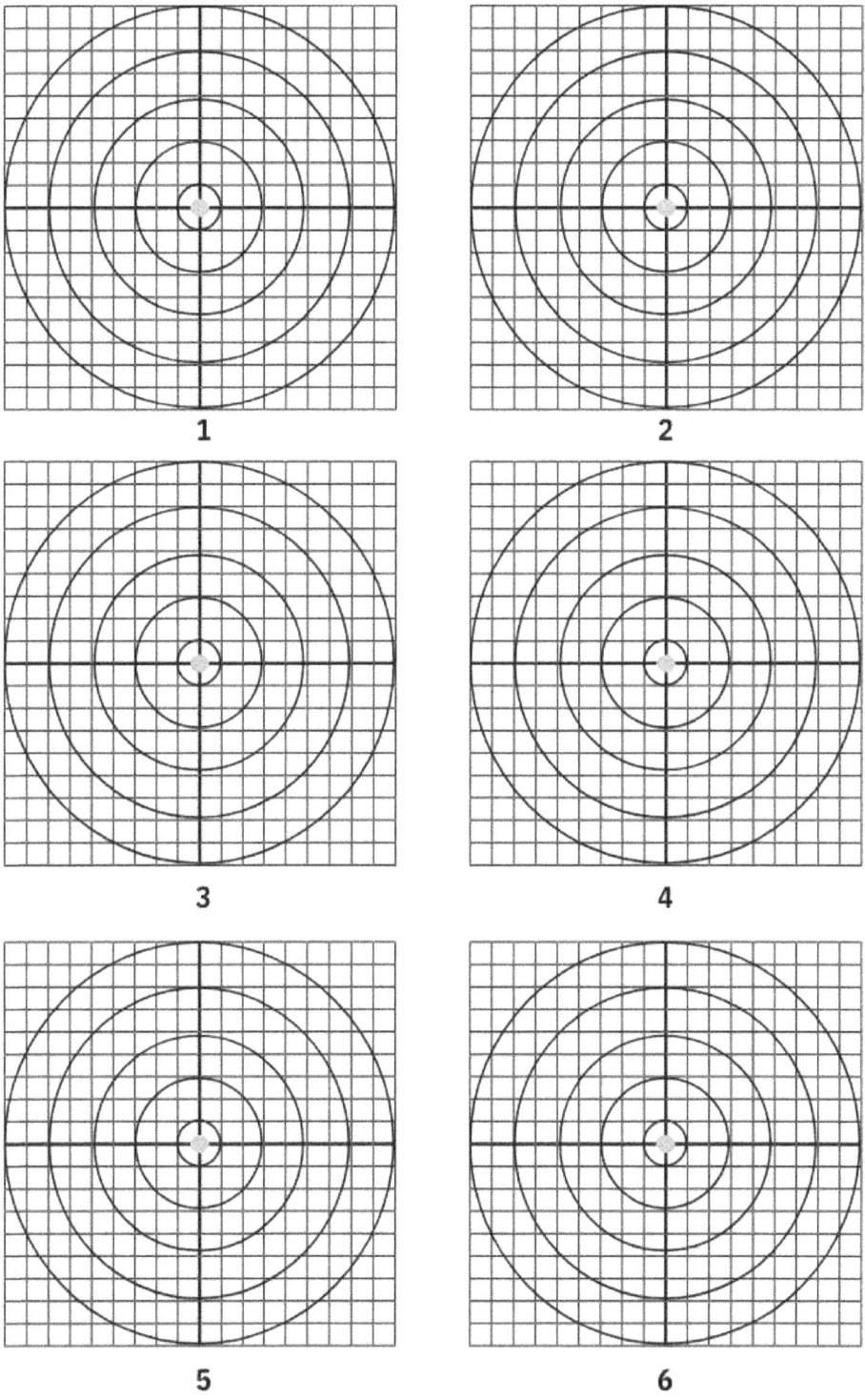

Täydellinen lahjaidea aloittelijoille ja ammattilaisille

Urheiluammunnan tietopäiväkirja

📅 Päivämäärä: _____   🕐 Aika: _____

📍 Sijainti: _____

Sääolosuhteet

☀️ ⛅ 🌥️ 🌧️ 🌦️ 🌨️ 🚩 🌡️
☐ ☐ ☐ ☐ ☐ ☐ ___ ___

Tuliase:	
Luoti:	Istuimen syvyys:
Jauhe:	Jyvät:
Pohjuste:	
Messinki:	
Etäisyys:	

Yleiset tulokset

☐ Fehno   ☐ Reilu   ☐ Hyvä   ☐ Erinomainen

Lisähuomautukset

_____
_____

☆ ☆ ☆ ☆ ☆

Täydellinen lahjaidea aloittelijoille ja ammattilaisille

Urheiluammunnan tietopäiväkirja

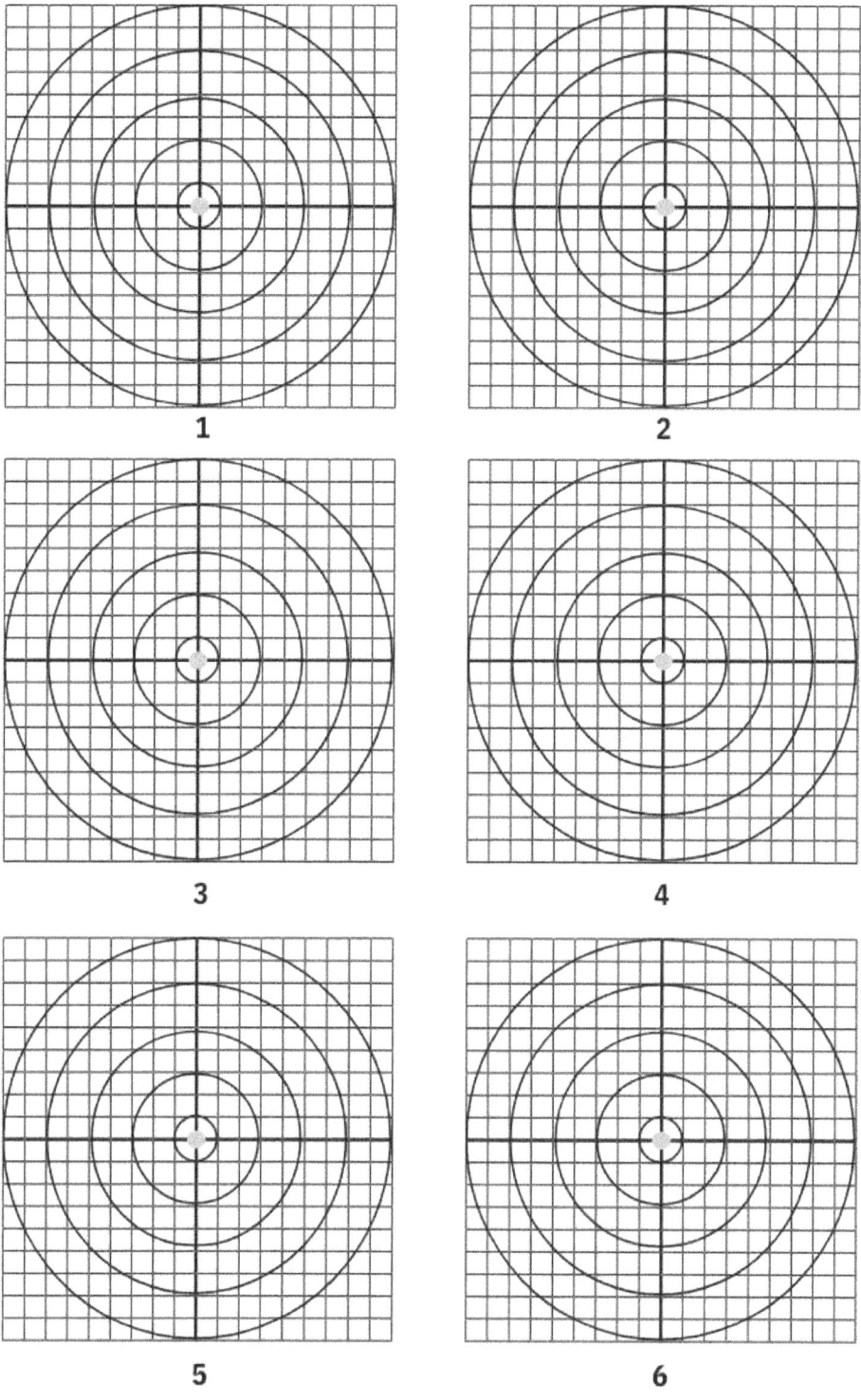

Täydellinen lahjaidea aloittelijoille ja ammattilaisille

Urheiluammunnan tietopäiväkirja

📅 Päivämäärä: _____ 🕐 Aika: _____

📍 Sijainti: _____

Sääolosuhteet

☀️ ☁️ ⛅ 🌧️ 🌧️ 🌨️ 🚩 🌡️
☐ ☐ ☐ ☐ ☐ ☐ ____ ____

Tuliase:	
Luoti:	Istuimen syvyys:
Jauhe:	Jyvät:
Pohjuste:	
Messinki:	
Etäisyys:	

Yleiset tulokset

☐ Fehno ☐ Reilu ☐ Hyvä ☐ Erinomainen

Lisähuomautukset

_____

_____

_____

☆ ☆ ☆ ☆ ☆

Täydellinen lahjaidea aloittelijoille ja ammattilaisille

Urheiluammunnan tietopäiväkirja

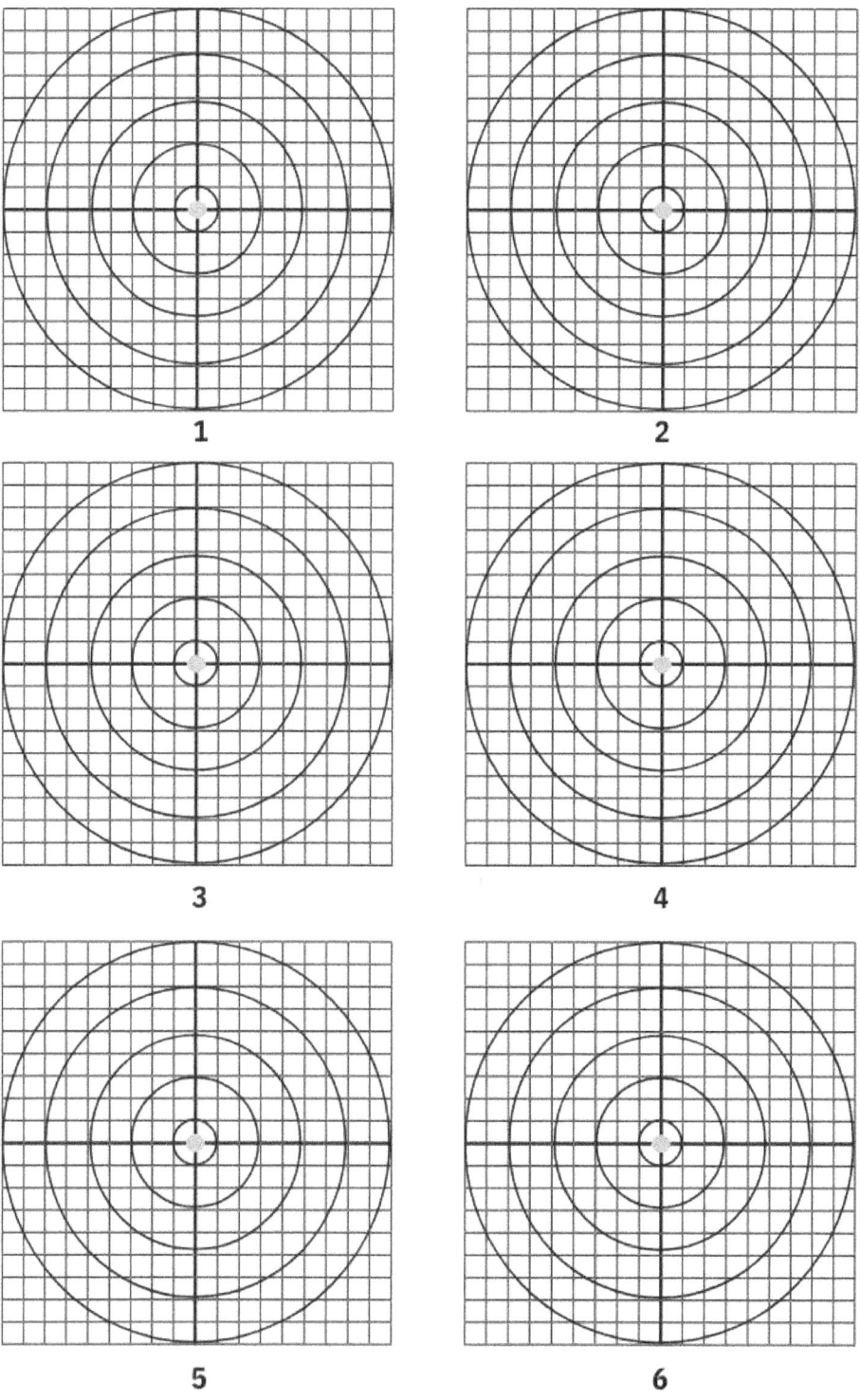

Täydellinen lahjaidea aloittelijoille ja ammattilaisille

Urheiluammunnan tietopäiväkirja

📅 Päivämäärä: _____ 🕐 Aika: _____

📍 Sijainti: _____

Sääolosuhteet

☀ ☁ ⛅ 🌧 🌧 🌨 🚩 🌡
☐ ☐ ☐ ☐ ☐ ☐ ___ ___

Tuliase:	
Luoti:	Istuimen syvyys:
Jauhe:	Jyvät:
Pohjuste:	
Messinki:	
Etäisyys:	

Yleiset tulokset

☐ Fehno ☐ Reilu ☐ Hyvä ☐ Erinomainen

Lisähuomautukset

_____

_____

_____

☆ ☆ ☆ ☆ ☆

Täydellinen lahjaidea aloittelijoille ja ammattilaisille

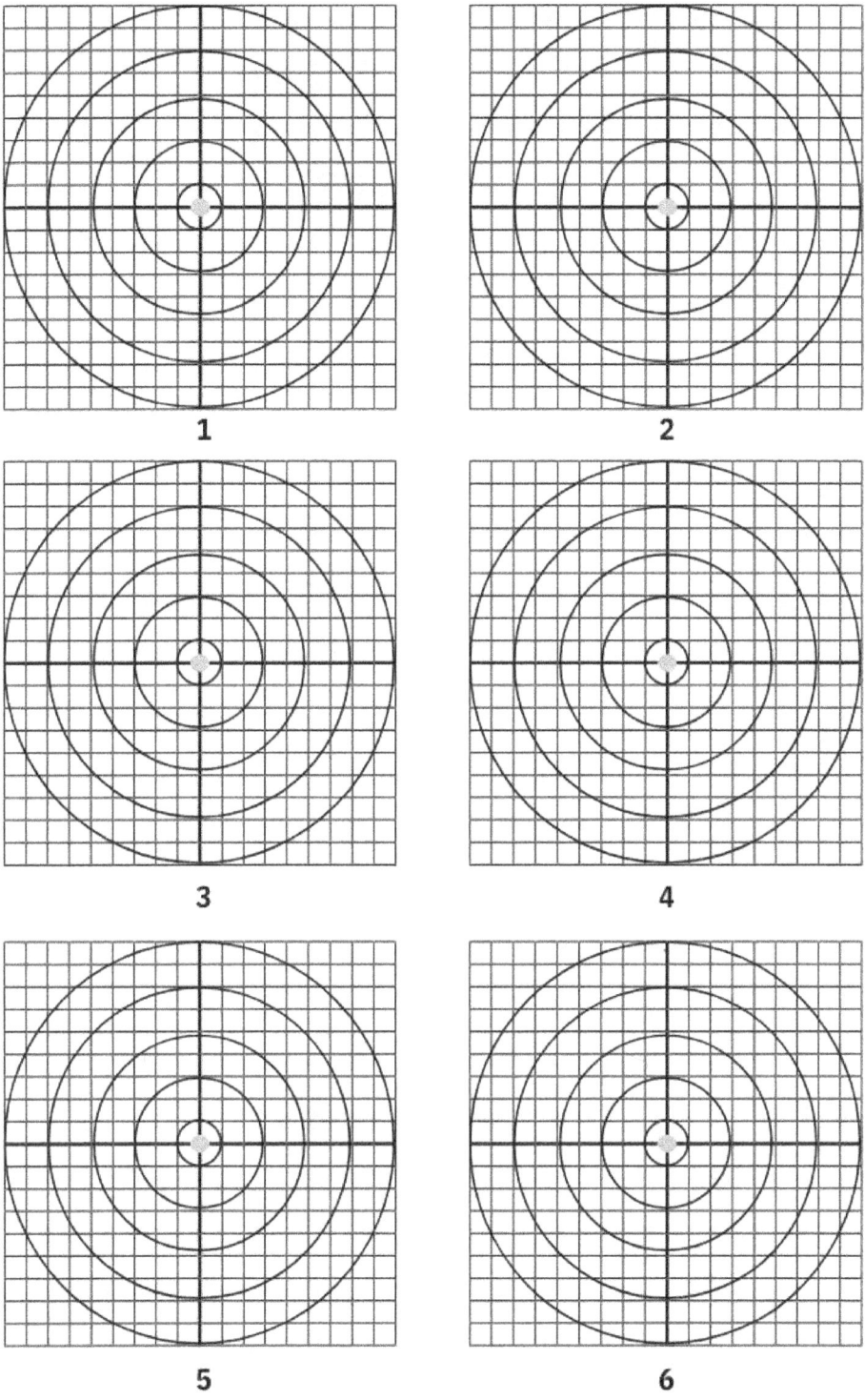

Urheiluammunnan tietopäiväkirja

📅 Päivämäärä: _____   🕐 Aika: _____

📍 Sijainti: _____

Sääolosuhteet

☀️ ☁️ 🌥️ 🌧️ 🌦️ 🌨️ 🚩 🌡️
☐ ☐ ☐ ☐ ☐ ☐ ___ ___

Tuliase:	
Luoti:	Istuimen syvyys:
Jauhe:	Jyvät:
Pohjuste:	
Messinki:	
Etäisyys:	

Yleiset tulokset

☐ Fehno   ☐ Reilu   ☐ Hyvä   ☐ Erinomainen

Lisähuomautukset

_____
_____
_____

☆ ☆ ☆ ☆ ☆

Täydellinen lahjaidea aloittelijoille ja ammattilaisille

Urheiluammunnan tietopäiväkirja

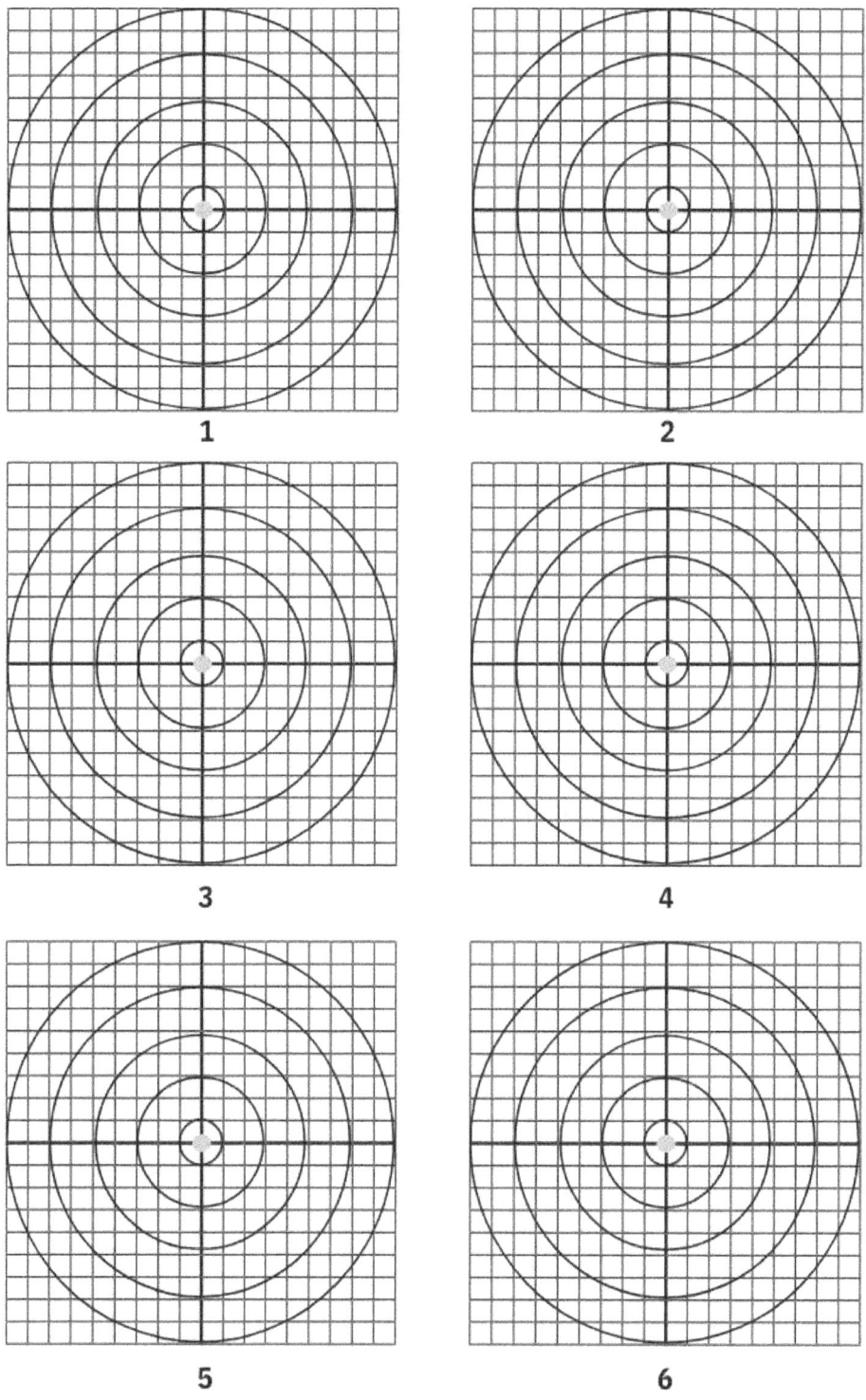

Täydellinen lahjaidea aloittelijoille ja ammattilaisille

Urheiluammunnan tietopäiväkirja

📅 Päivämäärä: _____   🕐 Aika: _____

📍 Sijainti: _____

Sääolosuhteet

☀️ ⛅ 🌥️ 🌧️ 🌦️ 🌨️ 🚩_____ 🌡️_____
☐ ☐ ☐ ☐ ☐ ☐

Tuliase:	
Luoti:	Istuimen syvyys:
Jauhe:	Jyvät:
Pohjuste:	
Messinki:	
Etäisyys:	

Yleiset tulokset

☐ Fehno   ☐ Reilu   ☐ Hyvä   ☐ Erinomainen

Lisähuomautukset

_____
_____

☆ ☆ ☆ ☆ ☆

Täydellinen lahjaidea aloittelijoille ja ammattilaisille

Urheiluammunnan tietopäiväkirja

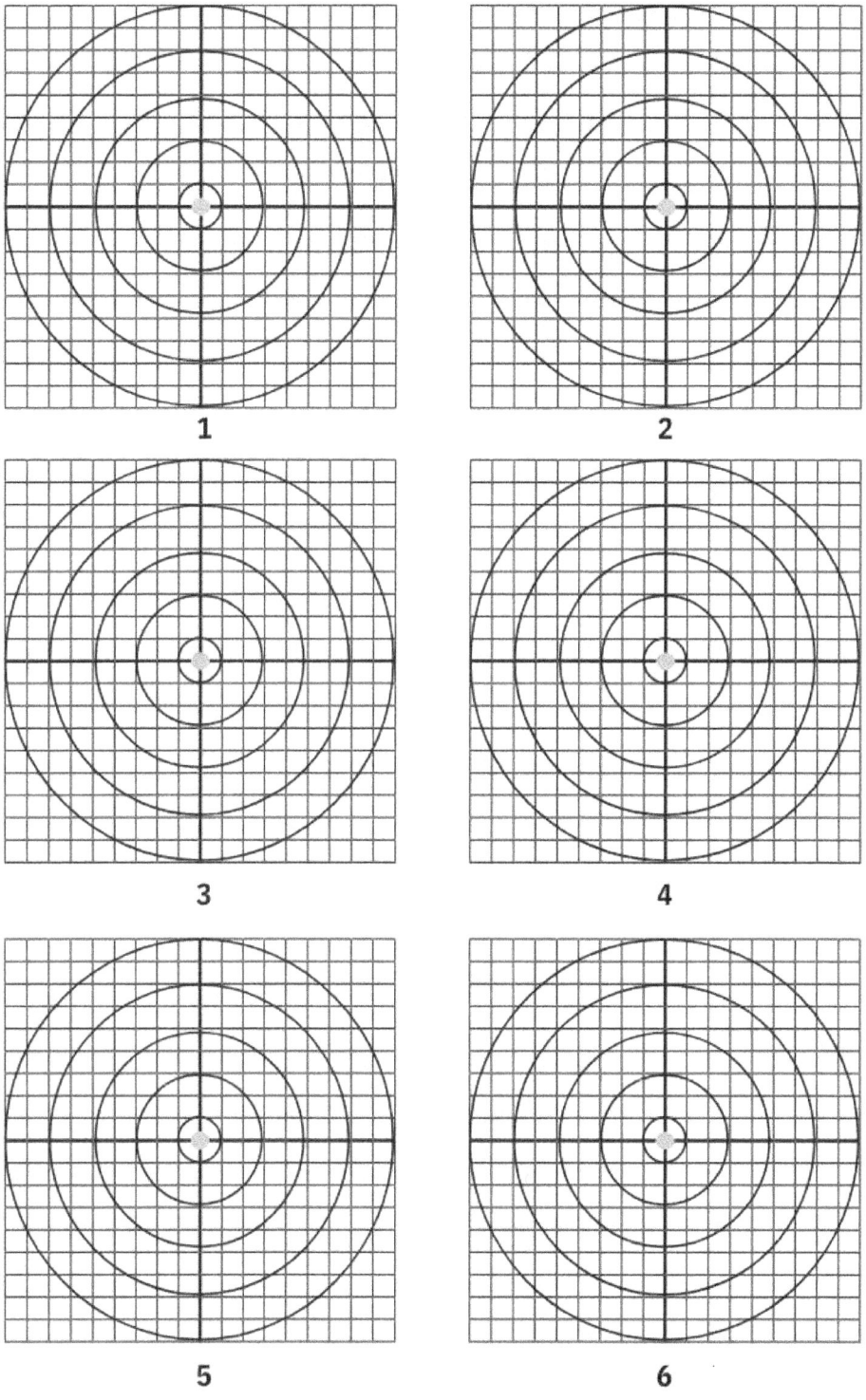

Täydellinen lahjaidea aloittelijoille ja ammattilaisille

Urheiluammunnan tietopäiväkirja

📅 Päivämäärä: _____   🕐 Aika: _____

📍 Sijainti: _____

Sääolosuhteet

☀️ ☐   ⛅ ☐   🌥️ ☐   🌧️ ☐   🌧️ ☐   🌨️ ☐   🚩 _____   🌡️ _____

Tuliase:	
Luoti:	Istuimen syvyys:
Jauhe:	Jyvät:
Pohjuste:	
Messinki:	
Etäisyys:	

Yleiset tulokset

☐ Fehno   ☐ Reilu   ☐ Hyvä   ☐ Erinomainen

Lisähuomautukset

_____

_____

_____

☆ ☆ ☆ ☆ ☆

Täydellinen lahjaidea aloittelijoille ja ammattilaisille

Urheiluammunnan tietopäiväkirja

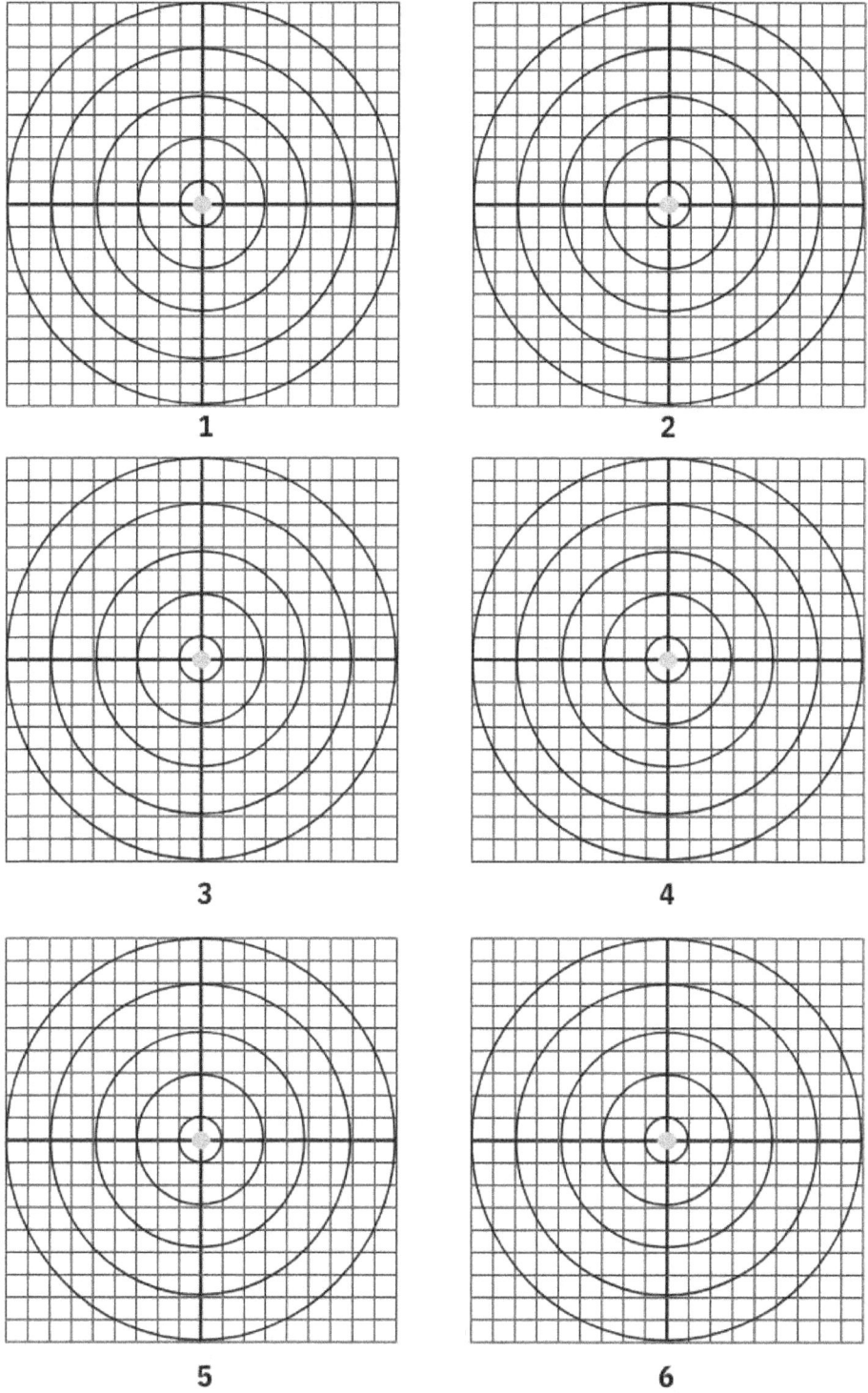

Täydellinen lahjaidea aloittelijoille ja ammattilaisille

Urheiluammunnan tietopäiväkirja

📅 Päivämäärä: _____ 🕐 Aika: _____
📍 Sijainti: _____

Sääolosuhteet

☀️ ⛅ 🌥️ 🌦️ 🌧️ 🌨️ 🚩 🌡️
☐   ☐   ☐   ☐   ☐   ☐   ___ ___

Tuliase:	
Luoti:	Istuimen syvyys:
Jauhe:	Jyvät:
Pohjuste:	
Messinki:	
Etäisyys:	

Yleiset tulokset

☐ Fehno   ☐ Reilu   ☐ Hyvä   ☐ Erinomainen

Lisähuomautukset

_____
_____
_____

☆ ☆ ☆ ☆ ☆

Täydellinen lahjaidea aloittelijoille ja ammattilaisille

Urheiluammunnan tietopäiväkirja

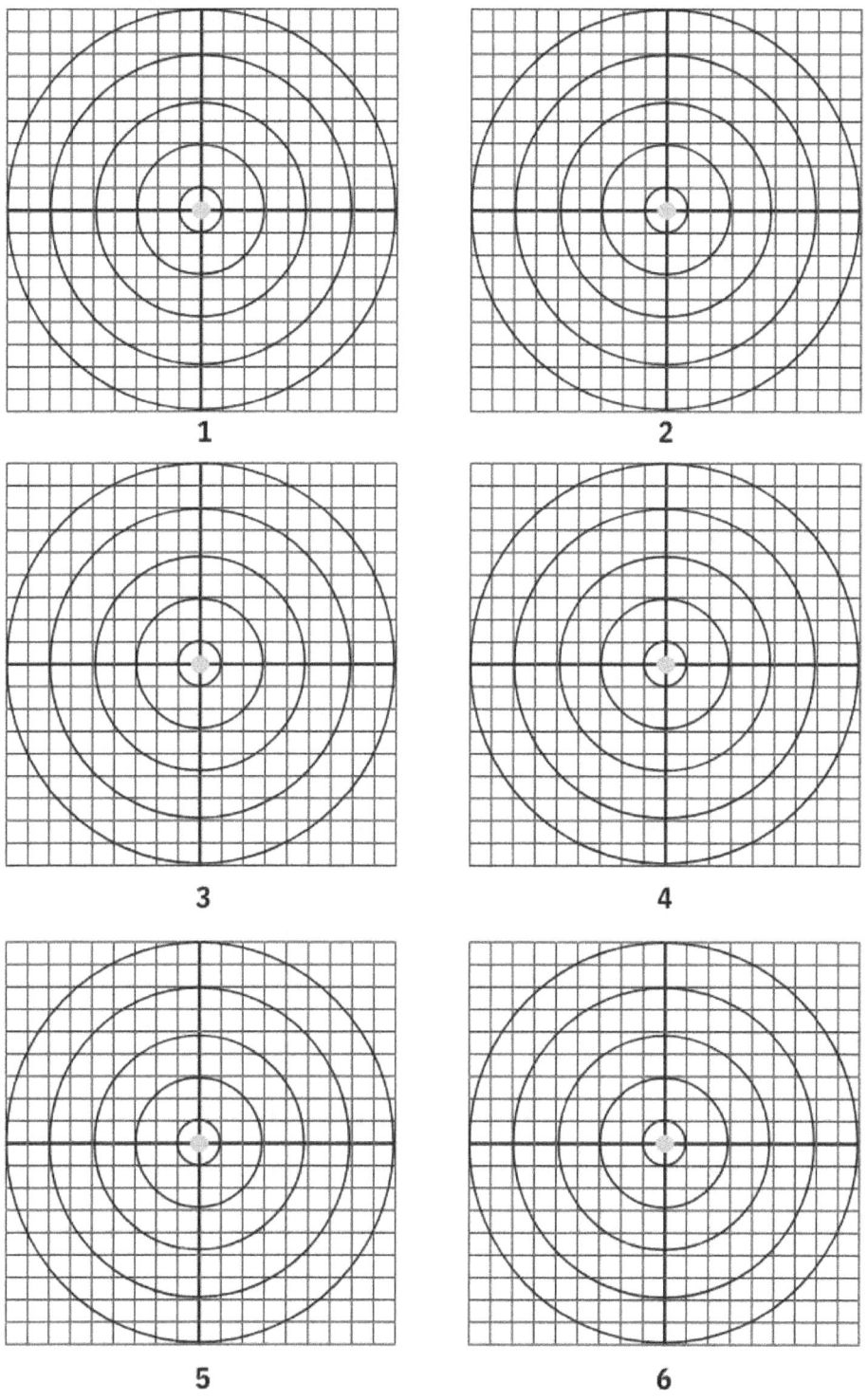

Täydellinen lahjaidea aloittelijoille ja ammattilaisille

Urheiluammunnan tietopäiväkirja

📅 Päivämäärä: _____ 🕐 Aika: _____

📍 Sijainti: _____

Sääolosuhteet

☀️ ⛅ 🌥️ 🌦️ 🌧️ 🌨️ 🚩 🌡️
☐ ☐ ☐ ☐ ☐ ☐ ___ ___

Tuliase:		
Luoti:	Istuimen syvyys:	
Jauhe:	Jyvät:	
Pohjuste:		
Messinki:		
Etäisyys:		

Yleiset tulokset

☐ Fehno ☐ Reilu ☐ Hyvä ☐ Erinomainen

Lisähuomautukset

_____
_____
_____

☆ ☆ ☆ ☆ ☆

Täydellinen lahjaidea aloittelijoille ja ammattilaisille

Urheiluammunnan tietopäiväkirja

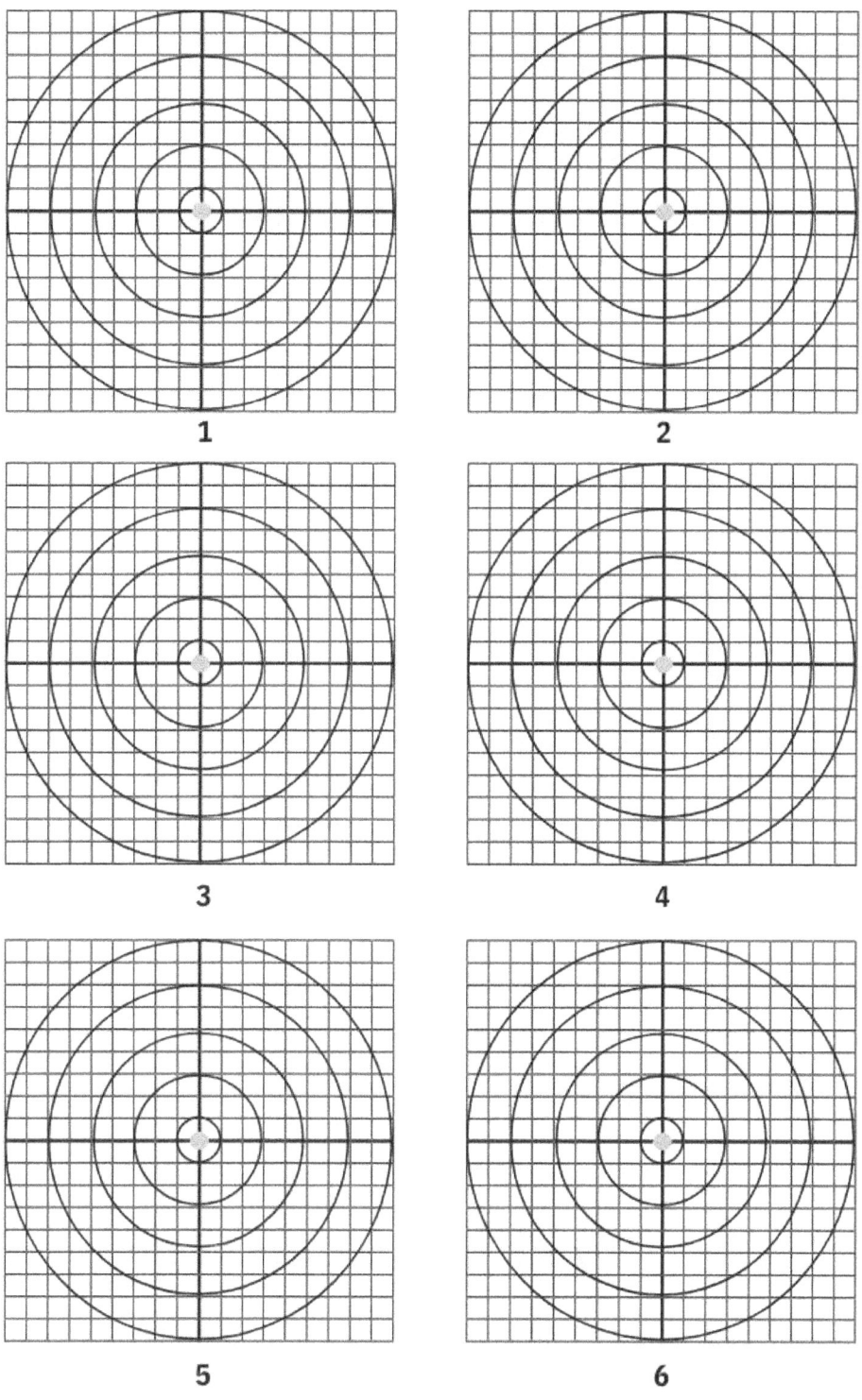

Täydellinen lahjaidea aloittelijoille ja ammattilaisille

www.ingramcontent.com/pod-product-compliance
Lightning Source LLC
LaVergne TN
LVHW011959070526
838202LV00054B/4973